ねこちゃん体操の体幹コントロールでみんながうまくなる器械運動

山内 基広 著

創文企画

まえがき

　どうにかして「みんなできるようになってもらいたい」…1977年、小学校教員としてのスタートを切った私の一番の願いでした。とりわけ体育、特に器械運動の授業にその思いを強くもっていました。

　当時の私は、特訓主義でした。つまり、教師中心主義の指導だったのです。しかし、そこには大きな問題点がありました。それは、

- 教師の一方的な教え込みのため、学習ではなく、トレーニング中心の授業になる。
- 子どもたち同士の関わりがない。
- どうしても2〜3人できないままで終わってしまう。
- 全員が器械運動を好きになってくれない。

などです。たくさんの子どもが「できる」ようになってはくれましたが、できないことを子どものせいにし、たくさんの子どもができたことをよしとした自己満足に終わってしまうのです。

　そんな時、学校体育研究同志会という民間研究団体に出会いました。『体育でつける学力とは「できる力・わかる力・分かち伝える力」である』『学習は、「異質協同のグループ学習」で「みんなでうまくなる喜び」を追求する』…こういった研究スタンスをもつ実践や研究に目から鱗が落ちる思いでした。

　それ以来、「みんなでみんなができる授業」をめざして実践研究を進めてきました。その中で特筆すべきは、

- 子どもたちと一緒になって考え、工夫し、喜び合った。
- 子どもたちの「気づき」にたくさんのことを学んだ。

そして、

- 同僚、先輩、後輩、研究仲間、研修会参加の先生方、学生たちと大いに学び合えた。

ということでしょう。「みんなでみんなができる授業」の中の「みんな」には、その全部の人たちでというコンセプトがあるのです。

　ねこちゃん体操も子どもたちと一緒に創り出したものです。その体幹コントロール方法は、器械運動（遊び）の学習に大いに役立つでしょう。ねこちゃん体操は、子どもたちが大好きになってくれます。

　　　　　　　　　　　　　　　　　　　　　　　　　　　　　　　　　　　　山内基広

本書の特色と使い方

【本書の特色】

みんなでみんなができるために、器械運動の「体幹コントロール」をねこちゃん体操で養い、ねこちゃん体操のもつ「動作コミュニケーション」で学習を進めていく方法を提案しています。

(1) 用語解説

①技の名称

技の名前は、子どもたちがつけたものや昔から親しまれている表記をしています。例えば「こうもりふり」などがあります。「棒下ひざ裏支持懸垂ふり」というより子どもたちになじみやすいですよね。その中で注意しなければならないのが「側転」です。正式には、「側方倒立回転」といい、ほん転系の技（p21-参照）ですが、実は接触回転系に「側転」という技があるのです。本書では、子どもたちになじみやすい略称の方を多く使っています。

本来の「側転」

②内旋と外旋（ないせん／がいせん）

本書には、この「内旋」「外旋」という用語がたびたび出てきます。ひじを内側に旋回させたり、外側に旋回させたりすることによって腕の「しめ」を意識させる動作コントロールのことです。前腕のコントロールを「回内・回外（かいない・かいがい）」といいますが、本書では、まとめて「内旋」「外旋」のみ使用しています。

内旋　　外旋

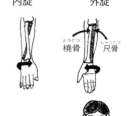
橈骨　尺骨

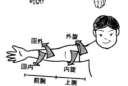
回内・回外と内旋・外旋との関係

(2) 本書の特色

①重要な技は4ページ構成で、技術ポイントを見開きで提示してあります。その他関連の技は、2ページ、または1ページで紹介し、ステップアップ方式でポイントを示してあります。

②ねこちゃん体操の体幹コントロールをp16〜17に提示し、それぞれの技にどう関わるか示しています。

③その技のできないポイントを「形態ポイント・視点ポイント・動作ポイント」で示し、それをどう学習したらよいか、「よくできない子へのワンポイントアドバイス」で示してあります。また、その技の「発展技」を示してあります。

④その項のタイトル末尾に対象学年が示してありますが、筆者の経験から十分習得可能な学年を記してあります。側方倒立回転などは、むしろ園児たちから指導するべきだと考えています。

【本書の使い方】

指導略案と学習カード

重要な技（4ページ構成）には、指導略案と学習カードを提示してあります。中・高学年の学習カードには、「今日の成果を確かめよう」というコーナーがあります。これは、その時間に学習した成果を、できた・わかった・学び合ったという3方向で自己評価するものです。「学び合った」の評価ですが、教えてもらった子が低い評価をする場合があります。教えたばかりでなく、教えてもらった子も学び合ったことになることをよく知らしめる必要があります。

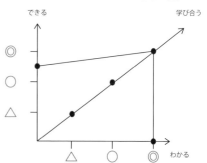
今日の成果を確かめよう【記入例】

ねこちゃん体操の体幹コントロールでみんながうまくなる器械運動【目次】

まえがき	1
本書の特色と使い方	2

序章　みんなでみんながができる授業をめざして ………… 5

1	ねこちゃん体操その①（初級編）	10
2	ねこちゃん体操その②（中・上級編）	11
3	ねこちゃん体操その③（最上級編）	12
4	ねこちゃん体操で体幹コントロール	16

第1章　ねこちゃん体操と、マット運動 ………… 19

	マット運動の指導順序	22
	さあ、器械運動の授業をはじめよう	24
1	ゴロゴロ、コロコロ、やってみよう！	26
2	ウーパールーパー体操やってみよう	28
3	動物歩きはたのしいな	29
4	お話マット「くまさんこんにちは」やってみよう！	30
5	お話マット（リズムマット）やってみよう	34
6	集団マット（グループリズムマット）やってみよう	35
7	前転その①「大また歩き前転」やってみよう！	36
8	前転その②「前転3連続＋V字バランス」	40
9	組み合わせ技①「とびこみ前転」やってみよう	44
10	開脚後転で体の「しめ」を身につけよう	46
11	「開脚前転」はむずかしいけれどやってみよう！	50
12	側転の感覚づくり3つの方法	54
13	側方倒立回転（側転）はマット運動の基礎技	56
14	側方倒立回転（側転）の研究をしよう	58
15	ブリッジできるといいね	62
16	さかだち（3点倒立・補助倒立・壁倒立）やってみよう！	64
17	組み合わせ技②（倒立前転／後転倒立）やってみよう！	66
18	側転の発展①「ホップ側転前ひねり」やってみよう！	68
19	側転の発展②「ロンダート」やってみよう！	72
20	側転の発展③「アラビアン」（前方ブリッジ転回）やってみよう！	74
21	側転の発展④「側転90°前ひねり」やってみよう！	75
22	側転の発展⑤「ハンドスプリング」やってみよう！	76
23	コレオグラフ「バランス／ジャンプ／ターン」やってみよう！	77
24	グループリズムマット「うたごえマット」やってみよう！	78
25	むずかしい技にチャレンジ①「バック転」「バック宙」	80
26	むずかしい技にチャレンジ②「宙返り系」はかっこいい！	82

27	連続技は楽しいな（連続技のつくり方）	84
28	グループリズムマット「クラスマット」やってみよう！	87

第2章　ねこちゃん体操と、鉄棒運動 91

鉄棒運動の指導順序 94
鉄棒運動学習の進め方 96

1	固定施設（遊具）遊びやってみよう！	98
2	鉄棒「おちっこ大会」やってみよう！	100
3	鉄棒「ぶらぶら大会」やってみよう！	101
4	おりる技（ふりとび）からやってみよう！	102
5	「地球まわり」やってみよう！	106
6	「こうもりさがり（おり）」やってみよう！	107
7	おりる技（こうもりふりおり）はとても大切	108
8	おりるわざ「グライダー」やってみよう！	112
9	「スイングのつくり出し」と「手首のかえし」の感を身につけよう！	114
10	ひざかけ回転（後方ひざかけ回転）は鉄棒運動の基礎技だ！	116
11	「前方ひざかけ回転」やってみよう！	120
12	「さかあがり」（あがる技は、むずかしい）	122
13	ひざかけ回転を発展させよう①「両ひざかけ後転」	126
14	ひざかけ回転を発展させよう②「両ひざかけ前転」	130
15	「後方支持回転」（うしろまわり）で中鉄棒へ	132
16	「前方支持回転（まえまわり）」は「たまごまわり」から	136
17	マニアックな超むずかしい技にチャレンジ	138
18	連続技やってみよう！（連続技は楽しいよ）	142
19	歌声鉄棒／グループリズム鉄棒　やってみよう！	147

第3章　ねこちゃん体操と、とび箱運動 149

とび箱運動の指導順序 152
とび箱の並べ方・使い方 154

1	とび箱あそびやってみよう！	156
2	横とびこし」は、とび箱運動の基礎技だ	158
3	「かかえこみとび」で反転系をきわめよう！	162
4	「開脚とび」は、むずかしい！	163
5	「台上前転」でおしりを高くあげよう！	166
6	「ネックスプリング」で、はね動作を！	167
7	「ヘッドスプリング」で、とび箱の醍醐味を	168
8	「ひねり横とびこし」から「側転とび」へ	172
9	「ハンドスプリング」ってかっこいい！	173

あとがき 175
参考文献・執筆者紹介 176

序章

みんなでみんなができる授業をめざして

序章　みんなでみんなができる授業をめざして

学習は、子どもたちだけで行うものではありません。この章のタイトルにこめられた「みんなで」の中身は「先生」を含めた学習集団のことを指しています。これから、器械運動の学習を「ねこちゃん体操の体幹コントロール」を軸にして、「みんなで」創り出していくためのヒントやアイデアを提供していきます。

はじめに

　先生ならだれでも「みんなできるようになってもらいたい」と思っています。でも、いやいやながら「やらされた器械運動」は、決して好きにはなれません。また、「自分のめあてに向かって」もくもくと努力することも大切ですが、器械運動の本当の楽しさを味わうことができるのでしょうか。

どうしたらできるようになるの？

　では、どうしたら「好きになり、できるようになる」のでしょうか。それは、
　①系統性をふまえ、正しい順序で科学的に学習が進められること
　②人間味あふれた向上心に富む環境で学習が進められること
　③いろいろな能力や考え方をみんなで出し合って学習が進められること
　④学習している技の構造がわかり、動き方がわかること
　⑤自分のレベルがわかり、練習やトレーニングの見通しがもてること
　でしょう。この①②③は、先生の課題です。もちろん全部整ってからやるものではなく、自分の得意なところから固めていくものです。それこそが、学級経営なのです。
　④⑤は子どもたちの課題です。しかし、子どもたちが技の構造を知り、動き方がわかるということは、簡単なことではありません。それは、器械運動の「体幹コントロール」がふだんの動きとかけはなれているため、子どもたちが経験していないということが障害になっているからです。
　本書では、器械運動の「体幹コントロール」で教師を含めた「みんなでみんなができる」をめざした授業を創るヒントを提供します。

器械運動のおもしろさ

　器械運動の本当のおもしろさは、「くるりと回れたうれしさ、ふわりと浮いた気持ちよさ、ぴたりと決まったフィニッシュ。ぞくぞくするようなスリル」つまり、器械運動でしか味わえない動きのおもしろさをみんなで味わうところにあります。また、そのための技術のポイントをみんなで考え、練習していくところにあります。子どもたちの考えを大切にし、きちんとした順序で学習を進めていけば、子どもたちは器械運動が大好きになります。

①マット運動のおもしろさ

　前転なら前転、側転なら側転だけ（単一技）を1回だけやって終わりではなく、自分のできる技、発明した技などを工夫して連続させ（連続技）、演技すること。つまり、連続技の創作と表現（演技）がマット運動独特の質（特質…おもしろさ）であると考えています。

②鉄棒運動のおもしろさ

さかあがりができる、できないで一喜一憂していませんか。マット運動と同じく、鉄棒を支点にして鉄棒とその空間で自由に演技すること。すなわち、連続技の創作と表現（演技）が一番おもしろいところです。

③とび箱運動のおもしろさ

とび箱は、かなり限定されています。助走→ふみきり→手でつきはなし→大きくとんで→着地、という一連の動作のダイナミックさの追求がとび箱運動のおもしろさです。

器械運動の基礎体幹コントロール

器械運動には、日常ではあまり行われない独特の「体幹コントロール」があります。それは、「あふり・はね・しめ・ひねり」という体幹コントロールです。

ねこちゃん体操で基礎体幹コントロールを養い、「わかる・できる・学び合う」授業を

ねこちゃん体操は、子どもたちが技の構造を知り、動き方がわかるために、
①わかりにくい器械運動の「体幹コントロール感覚」を養うこと
②動きのイメージを共有して、器械運動の動作コミュニケーションがとれる
ことを目的として開発しました。

さかあがりのグループ学習を例にしましょう。
「がんばれー」「こわがるなー」…励まし、意欲をふるいたたせる言葉ではありますが、やっている本人にはあまりありがたくない言葉ですね。
「もう少しだ」「もっといきおいをつけろ」…少しましになりました。でも、なにが「もう少し」なのか、なにを「いきおいづける」のか、やっている本人に伝わっているのでしょうか。

「アンテナさんのようい」をさかあがりで

やっている本人、アドバイスしているグループのみんなが、「共通に意識できる動きとリズム」を言語で伝え合えたら…そう考えて創り出したのが「ねこちゃん体操」です。「アンテナさんのようい」の「ようい」で「いきおいをもっとつけて後ろにまわってみなよ」という具体化された「動きとリズムのイメージ」が、やっている本人にピーンと伝わるのです。

ねこちゃん体操は、子どもたちが子どもたち同士で「わかる・できる・学び合う」ための体操です。

器械運動の基礎技術

基礎技術とは、器械運動のおもしろさ（文化的特質）を踏まえ、マット・とび箱・鉄棒の各運動の動作を規定する技術ということになります。したがって、私の所属する学校体育研究同志会では器械運動の基礎技術は、「姿勢制御を伴う手足の協応による支持回転技術」としています。

私は、姿勢制御をより具体的にして体幹コントロールとして「体幹コントロールを伴う手足の協応による支持回転技術」ではないかと考えています。

器械運動の基礎技

基礎技とは、前ページの基礎技術を有し、おもしろく、グループ学習に適し、みんなで比較的簡単にできるようになって、しかもより高度な技に発展できる技である必要があります。器械運動の基礎技を次のように考えています。

①マット運動…ジャンプを含む側方倒立回転
②鉄棒運動……スイングを含むひざかけ回転
③とび箱運動…助走、踏切支配を含む横とびこし

側転 ひざかけ回転　横とびこし

みんなでみんなができるために

①異質協同の学びを仕組みましょう

技術差やいろいろな考え方があってこそ、客観的・科学的分析ができます。１つの技、連続技をみんなで追及するとき、上手な子もそうでない子もみんなで意見を出し合い、試します。「みんなでみんなができる」これは、個人的な技術追及のみに陥りがちな器械運動の授業だからこそ大切にしていかなければならないスタンスです。

②技術ポイントをさがせ（技術を支える３つのポイント）

「技術ポイントをさがせ」と子どもたちに指示しても、くくりが大きすぎてさがせるわけがありません。私は、技術ポイントを次の３つに分けて観察させ、考えさせます。

Ⓐ形態ポイント…上手な子とそうでない子の「形態＝姿勢・形」を比較させます。当然、学習形態は、異質協同の小集団学習でなければなりません。

Ⓑ視点ポイント…試技者が「どこを見ているか」を観察させます。この視点ポイントは、「形態ポイント」や「動作ポイント」に大きな影響を与えます。また、動作中に目をつぶってしまう（視点を失ってしまう）と技がうまくいきません。

Ⓒ動作ポイント…手足の協応、体幹コントロール、姿勢制御、動作タイミングなどによって、体を器械とその空間にどう動作させて、重心移動させるかというポイントです。

この３ポイントは、独立しているものではなく、常に連動していますが、その技の中で、強調すべきポイントがあって、そこに注意を向けるとうまくいきます。

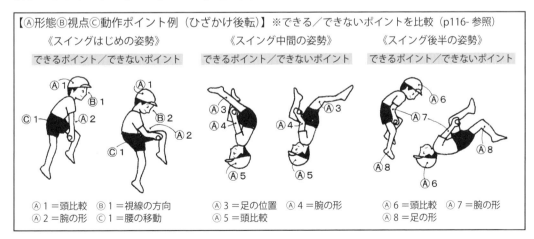

さあそれでは、次ページから「ねこちゃん体操」を紹介しましょう。

1 ねこちゃん体操その①(初級編)

器械運動の体幹コントロールとは、胴から腰部の動かし方、「あふり」「はね」「しめ」「ひねり」のことをいいます。体幹コントロールは、とてもむずかしいので、ねこちゃん体操でその感覚を養います。

ね〜こちゃんがおこった　「フーッ」　「ハッ」　「フーッ」　（10回繰り返す）

ねこちゃんのあくび　1、2、3はい　「ニャ〜オン」　（10回繰り返す）

ニャ〜オンでピーン　かめさんになって　「ピーン」　「グ〜ラン、グ〜ラン」　（10回繰り返す）

にんげんまわりでクルリ（腰先導ひねり）

お〜しまい　ねこちゃんまわりでクルリ（首先導）　ブリッジようい　ブ〜リッジ、1、2、3、はい　あ〜しあげ

お〜しまい　アンテナさんのようい　アンテナさんがピーン　ポキッ　ピーン

で、　　お〜〜〜〜〜〜〜〜〜〜〜〜〜しまいっ　　ビシッ

序章　みんなでみんなができる授業をめざして

2 ねこちゃん体操その②（中・上級編）

低学年または、初級段階では、「フーッ、ハッ」でほとんどの体幹コントロールができます。中・高学年（中・上級段階）になると、技の高度化に対応させるため、ねこちゃん体操をバージョンアップさせる必要があります。

3 ねこちゃん体操その③（最上級編）

器械運動は、その他のスポーツと比べると、特に「非日常的な運動」といえるでしょう。この項は「最上級」というタイトルですが、幼いうちから楽しんで取り組めば、小学校1年生になった時には十分「器械運動を楽しめる」感覚や動作を身につけることが可能です。

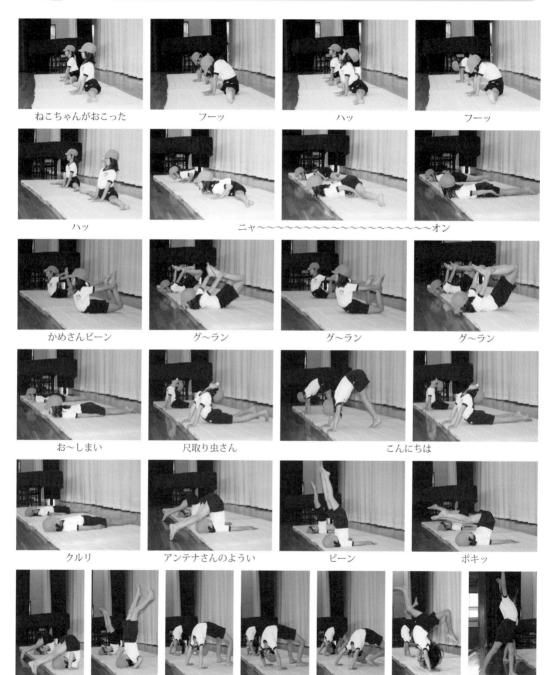

ねこちゃんがおこった　フーッ　ハッ　フーッ

ハッ　ニャ〜〜〜〜〜〜〜〜〜〜〜〜〜〜〜オン

かめさんピーン　グ〜ラン　グ〜ラン　グ〜ラン

お〜しまい　尺取り虫さん　こんにちは

クルリ　アンテナさんのようい　ピーン　ポキッ

お〜〜〜〜しまいっ　ブリッジ　い〜ち　に〜の　さんっ　ビシッ

序章　みんなでみんなができる授業をめざして

学習カード①

ペアになって、ねこちゃん体操がどのくらいできるようになったか（「はじめて」→「学習後」）しらべましょう。

ねこちゃん体操　調査❶

①ね～こちゃんがおこった

②フーッ

③ハッ

①手と足のいちは、ちゃんとしていますか。

②おなかをみて、せなかを高くあげていますか。

③上をみて、せなかをへこませていますか。

しらべるばんごう		①		②		③	
できばえちょうさ＝◎○△		はじめて	学習後	はじめて	学習後	はじめて	学習後
な ま え	〈例〉やまうちもとひろ	△	◎	○	◎	◎	◎

ねこちゃん体操　調査❷

④ねこちゃんのあくび

⑤ニャ～オン

⑥ニャ～オンでピーン

④かたとせなかが、まっすぐになっていますか。

⑤ひじをまげていますか。おなかをすっていますか。

⑥上をむいていますか。せなかをそらせていますか。

しらべるばんごう	④		⑤		⑥	
できばえちょうさ＝◎○△	はじめて	学習後	はじめて	学習後	はじめて	学習後
な ま え						

（　　　　　はん）　ちょうさした人（　　　　　　　　　　　）

学習カード②

ねこちゃん体操　調査❸

⑦かめさんになって　　⑧ピーン　　⑨グ〜ラン、グ〜ラン

⑦足くびをもって、かたを
マットにつけていますか。

⑧上をむいて、おなかで
たっていますか。

⑨下をみたり、上をみたりして
グ〜ランのこえにあわせられますか。

しらべるばんごう		①		②		③	
できばえちょうさ＝◎○△		はじめて	学習後	はじめて	学習後	はじめて	学習後
な ま え							

ねこちゃん体操　調査❹

⑩ブリッジようい　　⑪ブ〜リッジ　　⑫あ〜しあげ　1、2、3、4

⑩手のむきや、足のいちは
正しくできていますか。

⑪マットをみていますか。
うでは、のびていますか。

⑫足をあげて、4びょう
がまんしていられますか。

しらべるばんごう		④		⑤		⑥	
できばえちょうさ＝◎○△		はじめて	学習後	はじめて	学習後	はじめて	学習後
な ま え							

（　　　　　はん）　ちょうさした人（　　　　　　　　　　　）

学習カード③

ねこちゃん体操　調査❺

⑬お〜しまい　　　　　　　⑭アンテナさんのようい　⑮アンテナさんがピーン、ポキッ

⑬手のいちは、正しいですか。バレリーナの足はできていますか。　⑭すばやく足があがりましたか。足がむこうがわについていますか。　⑮ひじがしまっていますか。からだは、まっすぐにたっていますか。

しらべるばんごう	①		②		③	
できばえちょうさ＝◎○△	はじめて	学習後	はじめて	学習後	はじめて	学習後
な ま え						

ねこちゃん体操　調査❻

⑯お〜〜〜〜〜〜〜〜〜〜　⑰〜〜〜〜〜〜〜〜〜〜〜　⑱しまいっ

⑯足がむこうがわについていますか。手をあたまの上にのばしていますか。　⑰アンテナさんがピーンのようにからだをひらいていますか。　⑱すばやく足をふりおろして手をつかずにたちあがれましたか。

しらべるばんごう	④		⑤		⑥	
できばえちょうさ＝◎○△	はじめて	学習後	はじめて	学習後	はじめて	学習後
な ま え						

（　　　　はん）　ちょうさした人（　　　　　　　　　　）

4 ねこちゃん体操で体幹コントロール

ねこちゃん体操で体幹コントロール

①ねーこちゃんがおこった
「フーッ」「ハッ」

A：「はね」型あふり動作
B：「波動」型あふり動作
C：身体の「しめ」動作
D：肘の「内旋・外旋」動作
E：頭の「入れ・起こし」動作
F：肩甲骨の「寄せ・開き」動作

②ねこちゃんのあくび
「ニャ～オン」「ニャ～オン」

B：「波動」型あふり動作
D：肘の「内旋・外旋」動作
E：頭の「入れ・起こし」動作
F：肩甲骨の「寄せ・開き」動作

③かめさんになって
「グ～ラン」「グ～ラン」

B：「波動」型あふり動作
E：頭の「入れ・起こし」動作
F：肩甲骨の「寄せ・開き」動作

ねこちゃん体操には、上の例のようにA～Hの体幹コントロールがつまっています。以下の①～⑫は、「これだけは、はずせない12の技」です。A～Hの体幹コントロールがどこに作用しているか、実践し、このページに記入してみて下さい。

① 「くまさんこんにちは」（p30～31）　　② 「大また歩き前転」（p36～37）

③ 「開脚後転」（p46～p47）

④ 「側方倒立回転（側転）」（p56～57）

序章　みんなでみんなができる授業をめざして

技の中の体幹コントロール　第1～3章の器械運動例の主な技には、ねこちゃん体操A～Hの体幹コントロールが関わっています。それぞれの技の指導案にあるねこちゃん体操でそれぞれの技の体幹コントロール感覚と動きを養いましょう。

④ブーリッジ、あ～しあげ

E：頭の「入れ・起こし」動作
F：肩甲骨の「寄せ・開き」動作
G：「倒立経過型あふり」動作

⑤アンテナさんのようい「ピーン、ポキッ」

C：身体の「しめ」動作
F：肩甲骨の「寄せ・開き」動作
A：「はね」型あふり動作
B：「波動」型あふり動作

⑥お～～～～しまいっ、ビシ！

C：身体の「しめ」動作
A：「はね」型あふり動作
B：「波動」型あふり動作
H：「ため」動作

⑤「ふりとび」(p112)

⑥「こうもりおり」(p108～109)

⑦「ひざかけ後転」(p116～117)

⑧「後方支持回転」(p132～133)

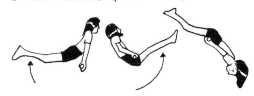

⑨「回転系横とびこし」(p158)

⑩「かかえこみとび」(p162)

⑪「ネックスプリング」(p167)

⑫「ヘッドスプリング」(p168～169)

ねこちゃん体操と、マット運動

第1章　ねこちゃん体操と、マット運動

器械運動はそれぞれ独自性がありますが、その体幹コントロールは共通する要素がたくさんあります。特にマット運動は、器械運動の中で、いちばん基になる運動といえます。ねこちゃん体操とマット運動で体幹コントロールを身につけましょう。

1．マット運動の技　※マット運動の技は、次のようにおよそ4つに分けることができます。

①ロール（接触回転）系《前転（前方回転）》	②スプリング（ほん転）系《側転（側方倒立回転）》	③バランス（静止）系《水平バランス》	④ジャンプ（跳躍）系《鹿ジャンプ》

①ロール（接触回転）系…頭を入れて、背中を丸め、後頭部・肩・背中・腰の順番にマットに接触させて回転する技。簡単そうでいて、意外にむずかしい。

②スプリング（ほん転）系…頭をおこし、背中をのばして、腕支持によって大きく転回する技。タンブリング（跳躍、転回などマット上で行う連続運動）中では基礎となる技。
※ほん転とは、翻転（ひるがえり、転回）する技ということです。

③バランス（静止）系…連続技の中にあって、バランスをとり、静止する技。（およそ3秒）

④ジャンプ（跳躍）系…連続技の中にあって、高低を演出し、移動や方向転換など、コレオグラフ（ふりつけ＝p77-参照）に有効な技。

2．マット運動の技術

マット運動の技術は、体の「しめ」感覚と支持回転動作が最も重要です。ねこちゃん体操の体幹コントロールはそれぞれの要素に大きく関わっています。次の2つの技が最も大切だと考えています。

開脚後転（体のしめと後方への動作感覚づくり）	側方倒立回転（体のしめと支持回転動作感覚づくり）

3．マット運動の基礎技術と基礎技

マット運動の技術ポイントは、支持回転をいかに行うかによります。これを含んだものを基礎技術とし、これを含み、学習によって獲得すれば、さらに高度な技に発展できる技を基礎技とします。まとめるとマット運動の基礎技術と基礎技を以下のように考えています。

> 基礎技術＝ジャンプを含む体幹コントロールを伴う手足の協応による支持回転動作
> 基礎技＝ジャンプを含む「側方倒立回転」

マット運動の指導順序

1．たのしいマット運動

> 先生、マット運動やだよう。私がやると男子がわらうし、5年生のとき後転ができなくて、私だけ何回もやらされた。やっとできるようになったけど、そのあと1週間も首がいたかったんだ。(6年生女子)

みんなで「はいポーズ」

グループリズムマット（p35参照）

　この子は、できるようになったのに好きにはなっていないのです。
　ただ「技ができるようになる」だけの授業から脱却しませんか。みんなで連続技をつくるための技の研究をし、みんなで演技する…。さあ、「みんなでみんなができ る」マット運動の授業をはじめましょう。

2．「動物歩き」からはじめよう

　ねこちゃん体操は、移動しながらの逆さ感覚・腕支持感覚を養うことができません。この「動物歩き」は、ねこちゃん体操とともに器械運動学習の最初に行われるべき大切な運動です。

くまさんが　　　やってきて　　　こんにちは　　　　　こんにちは　　　　さようなら

3．「開脚前転」より「開脚後転」を先に！

　「でんぐりがえし」は簡単です。しかし「前転」はけっこうむずかしいのです。ましてや「開脚前転」は、前屈のための「体のしめ」がかなり難しいのです。「開脚後転」は、「体のしめ」を意識させることが簡単で「後方に運動する感覚」を養成できる優れた教材です。

開脚前転（前屈時の足のしめがむずかしい）　　　　開脚後転（足先を見続け、足のしめがかんたん）

4．側方倒立回転（側転）は、マット運動学習の中心技だ

　側転は、マット運動の技術要素をほとんど含んでいる「基礎技」です。ダイナミックでしかも安全です。また、学習の内容が豊富です。1年生から6年生まで学年に応じて毎学年学習すべき教材です。

山とび側転　　　少し低い台で側転　　ヨガマットで側転　　平均台の上で側転しちゃった

第1章　ねこちゃん体操と、マット運動

マット運動の指導順序	特に関係するねこちゃん体操
1．くまさん前転	ねこちゃんがおこった「フーッ、ハッ」 （初級＝頭の入れおこし） 「ハーッ」　※「ハーッ」の状態から「フッ」の要領で頭を入れて前転する。 「フッ」
2．大また歩き前転	
3．開脚後転	「アンテナさんのようい」 （中級＝はね・しめ・肩甲骨動作）
4．側方倒立回転（側転）	「ねこちゃんまわり」（初級＝首先導ひねり）
5．ホップ側転	「ブリッジ」（初級＝頭のおこし、肩甲骨動作、はね）
6．ロンダート	「尺取り虫さん、こんにちは」 （上級＝はね、あふり、しめ）
7．ハンドスプリング（腕立て前方転回）	「ブ～リッジ、あ～しあげ、お～しまい」 （最上級＝倒立経過型あふり動作）

さあ、器械運動の授業をはじめよう

器械運動は、一つの技を獲得、達成させることだけがその「楽しさ」ではありません。「ふわっと浮いた」「くるりと回った」「ピタリと着地がきまった」…器械とその空間に自由に体幹コントロールし、空間を支配すること…が本当の楽しさではないでしょうか。この項では、その器械運動の授業に必要なことを提案したいと思います。

1．約束／ルール

「しつけ」という言葉は、教育とかけ離れた強い行動規制の印象を与えます。「躾」とは、礼儀作法を身につけさせることです。私は、これら主体的な学習を進めていくために、「礼儀」を「仲間とともに」に、「作法」を「合理的に学習を進める方法」とし、「しつけ」を「約束・ルール」としてどの学年でも最初の授業で行っています。

この項では、1年生を中心に、体育館での、はじめての器械運動（器械遊び）の授業に臨んだ時のノウハウを考えてみましょう。「おしつけ」ではなく、なぜそうするのか考えさせ、納得させること、準備の仕方などゲーム化して楽しく身につけさせることが大切です。

(1) 器械運動（遊び）の授業では、「はだし」になることが大切

体育館で行う器械運動（遊び）の授業は、「はだし」になって進めます。冬の寒い時期でも「はだし」がよいと思います。どうしても寒さがきびしい場合には、底にすべりどめがついている靴下を使用するようにします。マットや鉄棒、ロイター板を足の裏で感じ取ることができるような状態で学習を進めていきたいからです。また、足の指先までコントロールできるようになり、靴をはいている時と表現の幅が違ってきます。

まず、「はだし競争」をします。上履きの中に靴下を入れ、きちんと並べる競争です。その後「足の裏さんをにっこり」「バレリーナの足」など足首や足先への関心を引き出します。

「それーっ！　はだしになるぞぅ」

(2) 自分のマットを覚えよう「サメがきたぞぉ～」ごっこ

「きゃ～っ！　サメに食べられちゃう」

マットの敷き方は、その学習の目的によっていろいろとありますが（p35参照）、定番の並べ方を決め、そのマット上にこちらの意図したように並ばせて座らせます。そのマットをボートに、まわりを海に見立て、腹ばいになって泳いでいるところにサメ役の子（白帽子）が追いかけ、マットのボートに逃げ込ませます。このようなゲームで楽しみながら自分のマットと位置を覚えさせます。

第1章　ねこちゃん体操と、マット運動

2．並び方（並ばせ方）
(1)「集合！」と「集まれ！」

集合の仕方も、ルールの1つとして話し合って決めておきます。
- 「○○の前に集合！」
  号令をかけた場所に2m程度の間隔をあけて、グループごとに整列して座ります。
- 「○○の前に集まれ！」
  号令をかけた場所に2m程度の間隔をあけて、ばらばらに集まります。

(2) 順番待ち

試技者（学習、練習者）がよく見える位置で順番を待ちます。

また、見学者、待機者が試技者の試技を集中して見られる工夫をしましょう。特に、鉄棒運動の学習時には、演技者の後ろに立たないことが鉄則です。

3．準備運動の仕方（させ方）
(1) ねこちゃん体操やってみよう

1年生に大人のストレッチをさせても意味がありません。また、ラジオ体操は優れた体操ですが、万能ではありません。準備運動は、器械運動（遊び）に限らず、その学習する運動の動きを取り入れた運動をさせるとよいでしょう。「ねこちゃん体操」は、器械運動の学習のための準備運動です。

フーッ　　　ハッ　　ニャ～オン　グ～ラン、グ～ラン　ブリッジ足あげ　アンテナさんのようい

(2) 動きは、さわって感じよう

ねこちゃん体操の動きには、器械運動に必要な体幹コントロールのノウハウがたくさんつまっています。そのうちの1つ、上の「フーッ、ハッ」の動きは、器械運動全般、特に1年生にとっては一番大切な動きです。右図のようにお互いに補助し合って体の動き方、力の入り方を体感させることが大切です。ねこちゃん体操は、むずかしいです。できるようになってから学習するのではなく、準備運動の中で少しずつできるようになっていくものです。

「フーッ、ハッ」の学習的補助

1 ゴロゴロ、コロコロ、やってみよう！　　全学年

器械運動は「こわい」から「おもしろい」のです。いろいろなところをゴロゴロ、コロコロ、ころがって器械運動独特の「スリル」を楽しみましょう。

①ステージの上から「おちっこ大会」

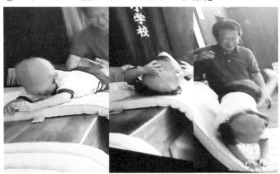

腹ばいから横向き落ちだよ。「キャー！」
次はあお向きになってぇ。（こっちの方がこわい）

足の長いキリンさんになってぇ
（おしりを高くあげる）「コロリン！」

②ウレタンとび箱を使って「コロリン大会」

どこに手をついたらいいかな？（高いおしりが基本）

段差をつけるとおもしろい。
低い➡高い（とびあがる）高い➡低い（こわいよ）

③坂道を作って「クルリン大会」

「ウワーッ、いきおいがついちゃう」

目をつぶらないでまわれているかな？
※幼いうちから「後方に回る感覚」を。

第1章　ねこちゃん体操と、マット運動

④チョーこわい「スリルクルリン大会」にチャレンジ

タイヤを使ってブリッジ。

平均台の上でクルリン。

平均台側転はむずかしいよ。

 指導略案

【授業のめあて】アスレチック電車ごっこ
道具を工夫して、アスレチックを作り、いろいろな動き方をする電車ごっこをしよう。

	授業の流れ（1～3年）	場の例／子どもたちの動き
前半	①学習の課題を知る ・「工夫してアスレチックを作り、いろいろな動き方をする電車ごっこをしよう」 ②アスレチックを作る ・各グループ1台自分たちで工夫してアスレチックを作る。 ・教師は作ったアスレチックに危険がないかチェックし、アドバイスする。また、加えたい動きを引き出す場を設営する。	【体育館アスレチック例】
後半	③電車ごっこのルールを知る ・運転手の順番を決め、グループごとに1列に並ぶ。 ・運転手は自分の好きなアスレチックにお客さんを連れていく。 ・運転手は自分で考えた動きでアスレチックをする。 ・お客さんは運転手のまねをする。まねできないときには、近い動きをする。 ・お客さんみんながやり終えたら運転手を交代する。 ④電車ごっこをする ⑤ミニ発表会をする ・グループでかっこいい動き、おもしろい動きを一つ選んで発表させる。 ⑥まとめをする ・発表会で一番人気があった動きをみんなでやってみる。	【電車ごっこ例】 それー！とびばこわたりだよ　　ろくぼくさがりできる？ 【ミニ発表会のようす】 わーかっこいい！　　ぼくもやってみたい

2 ウーパールーパー体操やってみよう　　全学年

ウーパールーパー（アホロートル）は、体幹操作（胴体をくねらせて）によって動きます。ふだん意識しない動き方をひとくくりにして体操にしました。

ウーパールーパー体操

①ウミウシがやってきて　　うご〜、うご〜、うご〜（ゆっくり）　　ウゴッ、ウゴッ、ウゴッ（速く）

②おさかながやってきて　　くね〜、くね〜、くね〜（ゆっくり）　　クネッ、クネッ、クネッ（速く）

③ウーパールーパーやってきて　　べにょ〜、べにょ〜、べにょ〜（ゆっくり）　　ベニョ、ベニョ、ベニョ　お〜しまいっ。（速く）

《ウーパールーパーの動きのポイント》

①腹ばいになって、手足をのばす。
②体をくねらせて左足を前に出す。

③左足で床を押して体をのばす。
④同時に体を反対にくねらせる。
⑤左手をのばし右足を前に出す。

⑥右足で床を押して体をのばす。
⑦同時に体を反対にくねらせる。
⑧右手をのばし左足を前に出す。

第1章　ねこちゃん体操と、マット運動

3　動物歩きはたのしいな　　全学年

器械運動では、両手両足で歩くこと（動物歩き）を「逆さ感覚」「腕支持感覚」「手足の協応感覚」などねこちゃん体操では培えない基礎的な感覚づくりとして必ず経験させておきたいです。

くまさん歩き
ほとんどの4つ足動物はこのように歩きます。動物は、少し前足の方が先に動きます。同時に動かせるのは人間だけ。

右手、左足、左手、右足の順にゆっくり歩いてみよう。（全ての技に関係）

右手と左足、左手と右足というように対角の位置にある手足を動かします。

キリンさん歩き
キリンはこのように歩きません。手と足をのばし、腰の位置の高い歩き方と側転の手足送りのイメージを養成します。

右手、右足、左手、左足を同時に動かして歩いてみよう。（側転に関係）

同じ側の手と足をついて体をささえ、反対側の手足をもちあげて歩きます。

アザラシさん歩き
腕で体をささえて上半身をもちあげ下半身を動かさずに手と腕で体を動かします。全ての技の手の向きや、ひじの内・外旋に関係します。

腕だけで足を引きずって歩いてみよう。

手を前向きにすると進めなくなってしまいます。

尺取り虫
この動きは、体幹コントロールのうちの「はね・あふり」の感覚養成に大変重要な動作感覚です。（ロンダート・はねとび系・スイングなど）

頭の動かし方を先導運動として、「はね・あふり」をしてみよう。

上を見て体を反らせます。足元を見て一気にあふります。足の位置から体を反らせ前進します。

4 お話マット「くまさんこんにちは」やってみよう！ 低学年～

お話マット「くまさんこんにちは」

　　　　はじめます　　　　　くまさんが　　　　やってきて　　　こんにちは

①顔を上げ、胸をはって、手は耳より後ろでまっすぐにあげる。　②手と足の幅をせばめ、腰を高くたもつ。　③手のひら全体をマットにつけ、顔をあげる。　④歩きながら顔をあげさげする。

ねこちゃん体操の体幹コントロール（初級）
「フーッ、ハッ」
＝A：はね、C：しめ動作

※まずは、「フーッ」の姿勢。

おなかを見ながら「フーッ」と息をはき、背中を丸めて息をとめ、体を「しめ」る。

※次は、「ハッ」の姿勢。

上を見て「ハッ」と息を吸ってはき、背中を反らせて体を「しめ」る。

くまさん歩きが
できないポイント

※こんな形では、うまくいきません。
足をのばせず、腰が肩より低い状態。

指先で歩き、手のひら全体をマットにつけていない。

頭をおこさず、腕がまがって歩いている。

第1章　ねこちゃん体操と、マット運動

| お話マット ってなあに？ | お話マットは、お話のリズムに合わせて動物歩きや簡単な技を使って楽しく演技するマット遊びです。「くまさん前転」の動きながらの頭の上下は、鉄棒運動など動きながらの頭の上下が必要な技の感覚づくりになります。 |

こんにちは　　　　　　さようなら　　　　　　はいポーズ

⑤後ろを見るようにして頭を腕の間に入れるようにする。　　⑥腰を高くたもちながら足を前後にして前転する。　　⑦胸をはり、腕をしっかり上にあげて、3秒間静止する。

 よくできない子へのワンポイントアドバイス

①ねこちゃんがおこった「フーッ、ハッ」の動きは、ペアで補助し合いましよう。
②前転が上手にできない子には、頭を入れて腰を上げるタイミングを補助してあげましょう。

「フーッ」の姿勢の補助　　　　「ハッ」の姿勢の補助　　　　前転が上手くいかない子への補助法

頭に手を当てておなかを見るようにさげてあげる。　　あごに手を当てて上にあげ背中に手を当ててさげてあげる。　　おしりではなく、ひざ裏に手を当てて腰をあげ、同時に頭をさげる。

 発展技、「わにさん前転」やってみよう！

わにさんが　　　やってきて　　　お池の中から　　　とびでたよ　　　ピヨ～ン

①腰の低い動物歩きをする。　　　　　　　　　　②足をそろえて　　③ジャンプして「フーッ」の姿勢で前転

31

【授業のめあて】くまさん前転やってみよう

おしりを高くして「こんにちは」をすると、前転が上手にできることが「わかり・できる」ようになろう。

	授業の流れ（1 or 2年生）
5分	1．準備運動をする。 ❶ねこちゃん体操をする。（「ね〜こちゃんがおこった」「フーッ、ハッ」の動きを大切にする）
ねこちゃん調べ 5分	2．ペアになって、ねこちゃん体操の「ねこちゃんがおこった『フーッ、ハッ』」を調べる。 ❷「フーッ、ハッ」ができているか確かめる。 ①おなかを見るようにして、背中が高くあがっているかな？ ②上を見て、背中を反らせているかな？ 
全体学習 5分	3．お話マット「くまさんこんにちは」のやり方を知る。 ❸見本の「くまさんこんにちは」を見て、それぞれのポイントを知る。 （教師の示範、または事前にチームリーダーに指導しておいて示範させる）  はじめます　くまさんが　やってきて　こんにちは　こんにちは　さようなら　はいポーズ
グループ学習 25分	4．「くまさん歩き」「こんにちは」「さようなら」の各ポイントを学習する。 ❹次ページ学習カード【ステップ1】【ステップ2】【ステップ3】を確認し、練習する。 （以下のような方法でそれぞれのポイントができているかどうか確認する。 
まとめ 5分	6．まとめをする。 ❺グループ全員で一斉に「くまさんこんにちは」をリズムに合わせて演技する。 ❻わかったことを出し合う。 ・手をマットにしっかりつけると、おしりが高くあがる。 ・おしりを高くして、頭を腕の間に入れるようにすると前転が始まる。

第1章 ねこちゃん体操と、マット運動

| 学習カード | 「くまさん・わにさん前転」やってみよう！
（　　ねん　　くみ　　　　　　　　） |

【ステップ1】あなたの「くまさん」はどんなかな？

おしりは高いかな（　）
まえをむいているかな（　）
てのひらは、ぴったりついているかな（　）

（　）のなかに◎○△をいれましょう。《みてくれたお友だち：　　　　　　　　》

【ステップ2】「こんにちは」できるかな？

①あるきながら「こんにちは」できるかな（　）
②うしろの人に「にっこり」できるかな（　）

【ステップ4】「わにさん」できるかな？

①うでやあしをまげてあるけるかな（　）
②右て・左あし、左て・右あしであるけるかな（　）

【ステップ3】「さようなら」できるかな？

①あしをそろえないでまわれるかな（　）
②おしりをたかくしたまま、まわれるかな（　）

【ステップ5】「ピョ〜ン」はできるかな？

①あしをそろえてまわれるかな（　）
②ねこちゃんの「フーッ」でまわっているかな（　）

5 お話マット（リズムマット）やってみよう　　低学年

マット運動の楽しさは、「連続技」にあります。低学年のうちから「連続技づくり」とそれを演技する楽しさを味わわせることのできるのが「リズムマット」です。このページは、学習カードにして「お話マット」を創ってみましょう。

【ステップ1】「くまさんこんにちは」は、できるかな？

はじめます　くまさんが　やってきて　こんにちは　こんにちは　さようなら　はいポーズ

【ステップ2】「くまさんこんにちは」の「ポーズ」をかえてみよう。

くまさんが　やってきて　こんにちは　こんにちは　さようなら　　　　はいポーズ

【ステップ3】「くまさん」をほかのどうぶつにかえてみよう。

（　　　　　　）さんがやってきて　　　こんにちは　さようなら　　　　はいポーズ

【ステップ4】「さようなら」もかえてみよう。（おはなしマットをかんがえてえにかこう）

（　　　　　　）さんがやってきて、こんにちは、こんにちは（　　　　　　）はいポーズ

※このページを「学習カード」にして、お話マットをたくさん考えさせます。

第1章 ねこちゃん体操と、マット運動

6 集団マット（グループリズムマット）やってみよう　低学年

一人で演技するよりも、グループで考え、グループで演技する集団マット「グループリズムマット」には、たくさんの学習内容がつまっています。

❶マットの並べ方を工夫して「くまさんこんにちは」や「側転」をグループ一斉にやってみよう。

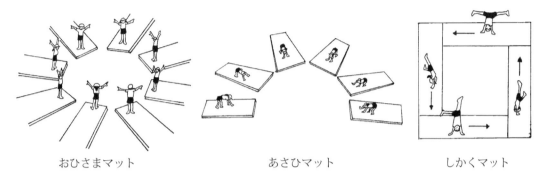

おひさまマット　　　　　　　　あさひマット　　　　　　　　しかくマット

※みんなで「あわせる」ことが目標です。

❷スクエアマット（方形マット）でポーズをきめよう。

※マットを方形に敷き詰めます。

みんなで考えた「はいポーズ」

❸みんなで創った「お話マット」をみんなで演技しよう。

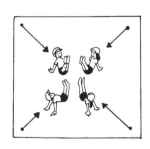
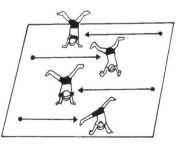

※いろいろな方向からフォーメーションを考えよう。

みんなで仲良く「はいポーズ」

35

7　前転その①「大また歩き前転」やってみよう！　　全学年

大また歩き前転

　　　　はじめます　　　　　　　　　お〜また　　　　　　　　　あるき

①顔を上げ、胸をはって、手は水平に横にひらき、肩甲骨をよせる。

②手を横にひらいたまま、前を見て胸をはって歩く。

③手がさがらないように「ハーッ」の姿勢をたもちながら歩く。

ねこちゃん体操の体幹コントロール「フーッ、ハッ」と「お〜しまい」から
＝A：はね、C：しめ、B：波動型「あふり」動作

大また歩き前転ができないポイント

※「ハーッ、フッ」の順番に練習しましょう。

「ハーッ」　➡　「フッ」

※こんな形では、うまくいきません。
手がさがっている。
下を向いている。
背中が丸い。
肩甲骨がよっていない。

※「お〜〜〜しまいっ」で立つ練習を

「ピーン」で「お〜〜〜〜〜し、まいっ」

腰の高さを保てず低い位置から前転してしまう。
手と足のつく位置が近い。

第1章　ねこちゃん体操と、マット運動

大また歩き前転のポイント

大また歩き前転では、とくに視線の下方移動の感覚を育てます。このあと、とび前転や倒立前転、側転などに発展させるための下地になる感覚が養われます。遠くに手をついて、大きく前転させることが大切です。

ぜ〜〜ん　　　　　てんっ　　　　　ポーズ

④手をマットにつくまで前を見て腰を大きく移動させる。
⑤足を前後にしたまま手をついたら頭を入れて前転する。
⑥胸をはり、腕をしっかり上にあげて、3秒間静止する。

 よくできない子へのワンポイントアドバイス
①演技者の前に補助者を立てて、下の図のように声かけをしてあげましょう。
②前転が始まる位置に小マット、ヨガマットなどを置き、それをとび越えるようにしましょう。

①手をつくまで前の人を見続けましょう。　　　②小さいマットをこえて前転できるかな？

まだまだぁ、それ！

※前にいるお友だちは、次のように声をかけましょう。拍手しながら「まだまだまだぁ」手をついたら「それっ」
※はじめは、短いマットで。※次第に大きなマットを。（ヨガマットなど）

 発展技、「水平バランス前転」やってみよう！
（次々ページ「学習カード」参照）

おおまた　　あるき　　　水平バランス〜う　　　前転

水平バランス姿勢をとる

37

【授業のめあて】大また歩き前転やってみよう

歩くときは手がつくまでまっすぐ前を見ましょう。
遠くに手をつき、大きな前転をしましょう。

	授業の流れ（低学年）
5分	1．準備運動をする。 ❶ねこちゃん体操をする。（「ハーッ、フッ」「お〜しまいっ」の動きを大切にする）
ねこちゃん調べ　5分	2．グループで、「大また歩き前転」に必要なねこちゃん体操の動きを練習する。 ❷「フーッ、ハッ」を「ハーッ、フッ」の順にする。❸「ピーン」から「お〜〜しまいっ」の動きを練習する。 
全体学習　5分	3．リズムマットで「大また歩き前転」のやり方を知る。 ❺次ページ学習カード【おおまたあるきぜんてんは、できたかな？】を確認し、練習する。 （グループでそれぞれのポイントができているかどうか確認する）  　はじめます　おおまた　　あるき　　　ぜ〜〜ん　　　　　てんっ　　　　ポーズ
グループ学習　25分	4．「おおまた　あるき」「ぜ〜〜ん」「てんっ」の各ポイントを学習する。 ❺次ページ学習カード【おおまたあるきぜんてんは、できたかな？】を確認し、練習する。 （グループでそれぞれのポイントができているかどうか確認する）  　前を向いて歩く　　　　手をつくまで顔をおこす　　　　遠くに手をついて前転する
まとめ　5分	5．まとめをする。 ❻グループ全員で一斉に「大また歩き前転」をリズムに合わせて演技する。 ❼わかったことを出し合う。（よかったことを発表し、どんなところがよかったか、まとめる） ・歩幅が広い（歩く姿勢がよい）　・遠くに手をついて前転している。 ・前転する時、足をそろえない。

第1章 ねこちゃん体操と、マット運動

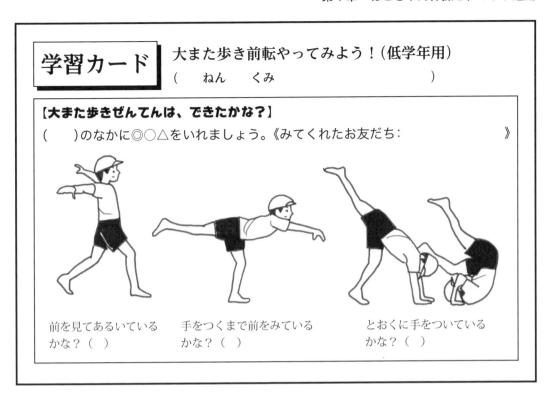

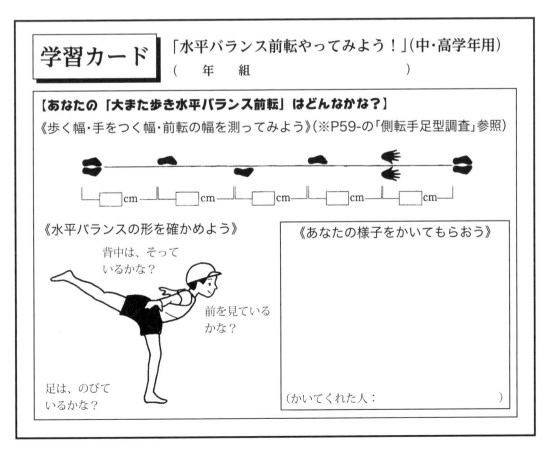

8 前転その②「前転3連続＋V字バランス」 4年生〜

前転3連続＋V字バランス

はじめます　　　　　　　　（足を）のばして　　　　　　前転

手と足の間隔を広めにとり、腰を低めに構える。

いったん腰をひいて足をまげる。

足をのばして腰を高くし手よりも肩を前にだして頭を入れ前転する。

ねこちゃん体操の体幹コントロール（初級）
「ハーッ、フッ」
＝C：しめ、E：頭の入れ

前転が
うまくできないポイント
（演技してもらっています）

※まずは、「ハーッ」の姿勢。

手と足の間隔をせまくして腰を肩よりも高くする。少し前を見て、肩をついた手よりも前に出す。

※こんな形では、うまくいきません。

腕がまがっている。頭のてっぺんをついている。腰の位置が低い。背中が反りかかっている。

※次は、「フッ」で頭を入れ前転

「フッ」の要領で頭を腕の中まで入れるとひじが内旋し、腕がまがって前転が始まります。

※うまく起き上がることができない。

第1章 ねこちゃん体操と、マット運動

技を3連続させる意義 マット運動の楽しさは、1つの技ができるようになることはもちろんマットとその上の空間に技を表現するところにあります。ですから、1つの技を1つの技として追及するだけでなく、連続の中で追及するべきでしょう。3回連続させる…これが基本です。

のばして　前転　　　　　のばして　　　　　　ブイジ

前転の起き上がりに続けて足をのばして2回目の前転をする。

今までよりも少し手を遠くにつき、足先を見る。ゆっくり前にまわり、背中をつけたまま手を後ろについてVをつくり足をさげないようにしてポーズ。

 できるようになるためのスモールステップ
※上の連続技は大変むずかしいです。（特に足をさげずにV字）次のようなステップで練習しましょう。

【ステップ1】「くまさん前転」やってみよう！

はじめます　くまさんが　やってきて　こんにちは　こんにちは　さようなら　はいポーズ

【ステップ2】「わにさん前転」やってみよう！

わにさんが　　やってきて　　お池の中から　とびでたよ　　ピヨ〜ン

①腰の低い動物歩きをする。　　②足をそろえて　③ジャンプして　「フーッ」の姿勢で前転

【ステップ3】ねこちゃん体操「お～しまいっ、タッチ」①

※前転の起きあがりは、意外にむずかしいのです。ペアの手に向かってタッチしにいくことで起きあがりのタイミングと体の「しめ」を身につけましょう。

手を後ろにのばす。　　　　　　「フッ」の要領で腹をしめる。　　　　　　ペアにタッチする。

【ステップ4】ねこちゃん体操「お～しまいっ、タッチ」②

※技を連続させるには、はじめの前転の終わりの部分が、次の前転のはじまりとなるようなコントロールを身につけなければなりません。

ペアはステップ3よりも低く構える。フッの姿勢をたもつ。　　　　　　低い位置でタッチ。

【ステップ5】「かあちゃん　ごめん前転」やってみよう！

※技を連続させるために、「フッの姿勢をたもつ」練習をしましょう。

はじめるよー　　　　　　コロリンシャン　　　　　　かあちゃーん　　　　　　ごめん

腰を低く構える。　　　　おしりをあげながら前転。　　　　前に手をついて　　　　ごめんなさい。

【ステップ6】スムーズに前転3連続をやってみよう！

※とどまることなくスムーズに3連続ができるようになりましょう。

ねこちゃ～ん　　　　　　フッ　　　　　　フッ　　　　　　フッ

第1章　ねこちゃん体操と、マット運動

学習カード　「前転3連続＋V字バランス」やってみよう！
（　ねん　くみ　　　　　　　　　　　）

♡前転に必要な体のしめ感覚や動きを身につけよう。（◎○△をつけましょう）
※玉入れの玉をはさんで前転をしてみよう。

①ひざではさんで1回前転（　　）　　④ひざではさんで3回前転（　　）
②足先にはさんで1回前転（　　）　　⑤足先にはさんで3回前転（　　）
③ひざと足先で1回前転（　　）　　⑥ひざと足先で3回前転（　　）

♡「前転＋V字バランス」の研究をしよう。（わかったことを書きこみましょう）

①前転を連続させるためのひみつ	♡じょうずになるためにどんな工夫をするか考えましょう。（グループの考えをかきこむ）
②足をさげずにV字バランスをするひみつ	

♡今日の学習の感想を書きましょう。

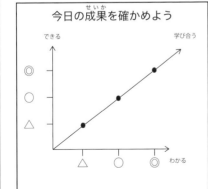

今日の成果を確かめよう

感想（できたこと・わかったこと・学びあったこと）を書きましょう。

9 組み合わせ技①「とびこみ前転」やってみよう　高学年

「とびこみ前転（とび前転）」は、ジャンプと前転を組み合わせた技で、高度な逆さ感覚や「はね型あふり動作」が必要となります。安全に配慮し、段階を追って学習する必要があります。獲得すれば、前方宙返り系に発展していきます。

とびこみ前転（とび前転）

2〜3歩助走して両足でふみきる。　　手でいったん支えて「フッ」の要領で背中を丸める。

ねこちゃん体操の体幹コントロール（上級）
「ハーッ、フッ」の動作を工夫して
＝E：頭の入れ・おこし／他、A・C・D(p16-：参照)

とびこみ前転が
うまくできないポイント

※腰が高い位置での「ハーッ、フッ」の練習

※手をついた時の腰の高さが低い（危険）

※手に負荷がかかってからの前転練習

※まわりすぎてしまって背中から落下

第1章　ねこちゃん体操と、マット運動

【ステップ1】ジャンプ前転3連続やってみよう。

足をまげて準備　　ジャ〜ンプ　　前転　　ジャ〜ンプ　　前転　　ジャ〜ンプ　　前転

【ステップ2】一歩とびこみの前転。

【ステップ3】丸めたマットをとびこせ。

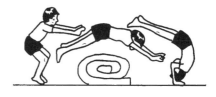

【ステップ4】高い位置にとびあがって手をついてからまわる練習。

　発展技①障害物をとびこえてみよう。

　発展技②「そりとび前転」（これは、かなりむずかしい）

45

10 開脚後転で体の「しめ」を身につけよう　　2年生～

開脚後転

①足先を見る。
②おしりを少し突き出す。
③手先をさげて背中は「フーッ」の姿勢。
④手先でマットをなでる。
⑤足先を見続ける。
⑥おしりがマットについたら手を耳のわきにもっていく

ねこちゃん体操の体幹コントロール「アンテナさんのようい」から
＝A：はね、C：しめ、F：肩甲骨の動作

※まずは、足先を床につけましょう。

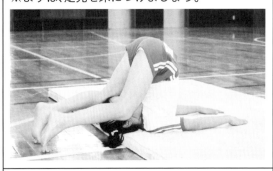

※上のように足先がマットにつくようになったら、マットに段差をつけて回ってみよう。

※2年生はここまでがんばりましょう。

開脚後転ができないポイント

※こんな形では、うまくいきません。

▲手が後ろに行き過ぎ、肘が開いている。
▲背中がそっている。
▲上を見ている。
▲おしりとかかとの距離がない。
※体をしめられない。
※後ろ回転にストップがかかってしまう。

第1章 ねこちゃん体操と、マット運動

開脚後転って意外と簡単

開脚後転は、足を開くためにふつうの後転よりも頭の近くに着足できるので立ちあがりやすいといえます。また、足や腹筋など力を入れやすく、前転よりも体の「しめ」感覚を身に付けやすいともいえます。

⑦足先が真上を過ぎたら足を大きく開く。

⑧手と足の幅をせまくする。（手の近くに着足する）

⑨足がついたら、ねこちゃん体操の「ニャ〜オン（波動）」の要領で立ちあがる。

 よくできない子へのワンポイントアドバイス

よく行われている補助運動ですが、「ゆりかご」が効果的です。
「ゆりかご」を次のポイントに注意して練習します。

※後ろに行く時は「ひざを引きつけ」、前に行く時は「ひざをはなす」（最後に一気にひざをひきつける）

よ〜い　　それ、グ〜ラン　　グ〜ラン　　グ〜ラン　　グ〜ラン　　くるりっ

 発展技、「伸膝後転」やってみよう！

※玉入れの「紅白玉」をひざにはさんで後転してみよう。

①はさんだ玉を見続ける。
②ひじをしめ「フーッ」の姿勢

③ひざに力を入れ、玉をはさんだまま一気に持ちあげる

④加速をつけ、足をのばしたまま一気に後転（足は手の近くにつく）

47

【授業のめあて】開脚後転やってみよう！
開脚後転に必要な動きを補助やアドバイスをし合いながら、みんなのものにしよう。

	授業の流れ（2 or 3年生）
5分	1．準備運動をする。 ❶ねこちゃん体操をする。（「アンテナさんのようい」の動きを大切にする。）
上手な子を使って説明　3分	2．ねこちゃん体操のアンテナ（肩倒立）を開脚後転に必要な体の「しめ」を意識して発展させる。 （教師が中心になって指導し、そうできているかグループで確認する） ❷アンテナ（肩倒立）の準備（体の「しめ」動作）　❸「しめ」を保った脚と腰の引き上げ脚と腰腕を軽く開き、足先をバレリーナのようにの　を「しめ」たまま一気に頭の後方に引き上げばして「しめ」る。頭を少しおこし、足先を　る。（足先を頭の後ろのマットにつける。）見る。（腹筋に力を入れ、体全体を「しめ」る） 　 アンテナさんのぉ～～～　背中がマットと垂直になる。　よ・う・い
グループで　7分	❹「アンテナさんのようい」（肩倒立の準備）がグループ全員できているか確かめる。 【学習カード】 | しらべる所	しらべる内よう	◎○△
---	---	---
① ② ③ ④ ⑤	①足の先がバレリーナになっていますか？	
	②足の先を見ていますか？	
	③足をまげていませんか？	
	④足をいっきにもちあげていますか？	
	⑤足の先がマットについていますか？	
	年　組（　　　チーム）名前		
説明　10分　学習　15分	3．開脚後転の「しめ」と「動き」を学習する。 （教師が中心になって指導し、そうできているかグループで確認する） ❺次頁学習カードのうち【ステップ1】を行う。 ❻学習カードで調べる。 ❼【ステップ2】を行う。 ❽学習カードで調べる。  みんなでワイワイグループ学習　「どれどれおなかがかたいかな？」「キャーツ」
5分	4．まとめをする。 ❾グループ発表をする。 ❿感想を発表する。  時間をずらしてやるとかっこいいよ。（開脚前転でもどってみたら？）

※【ステップ1】と【ステップ2】の学習カードは、次頁を参照。（2・3年生はここまでで終了）
※4年生以上であれば、次時間に【ステップ3】を行う。

第1章　ねこちゃん体操と、マット運動

学習カード

「開脚後転」やってみよう！
（　　年　　組　　　　　　　　　　）

【アンテナさんのよういはできるかな？】

調べるところ	調べる内容	◎○△
	①足先がバレリーナ	
	②足先を見る	
	③足をまげない	
	④足をいっきにもちあげる	
	⑤足先がゆかにつく	

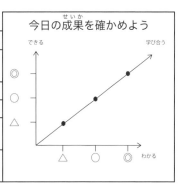

今日の成果を確かめよう

【ステップ１】体の「しめ」を意識しよう。　　　　　（　）の中に◎、○、△を入れよう。

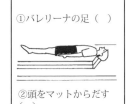

①バレリーナの足（　）

②頭をマットからだす（　）

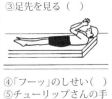

③足先を見る（　）

④「フーッ」のしせい（　）
⑤チューリップさんの手（　）

⑥足をいっきにもちあげる（　）
⑨真上で足をひらく（　）

⑦足先を見続ける（　）
⑧足をまげない（　）
⑩「ニャ〜オン」で立つ（　）

【ステップ２】回転と足をひらくタイミングを練習しよう。

ねこちゃん　こんにちは　さようなら〜　で、　ニャ〜オン

①頭をマットからだす　②おきあがる（　）　③深くおじぎする（　）　④いっきに後転（　）　⑤ニャ〜オンで立つ

【ステップ３】立った位置からやってみよう。

①足先を見る（　）　　　⑥おしりがマットについたら手を耳のわきに（　）　　⑧「ニャ〜オン」で立つ（　）

②おしりを少しつきだす（　）　　④手先でマットをなでる（　）　　⑦手と足のはばをせまくする（　）
③手先をさげて「フーッ」（　）　　⑤足先を見続ける（　）

11 「開脚前転」はむずかしいけれどやってみよう！　2年生〜

開脚前転

①「ハッ」の要領で足をのばしながら、少し遠目に手をつく。

②前転がはじまらないようにゆっくりと頭を入れ、「アンテナさんがピーン」の要領で体をしめる。

《関係する「ねこちゃん体操」》

「お〜しまいっ」でA：はね／B：波動／C：しめ／H：ため動作を獲得しましょう。

アンテナさんのようい　　手を上に　　お〜〜〜〜〜〜〜〜〜しまいっ

体幹をマットに垂直に　手を上にもってくる　「ため」をつくる　ためをぎりぎりまでたもって一気に足をふりおろす

マットを工夫して、足をのばしたまま、立ち上がる練習をしましょう。

長机をマットの下にしきましょう。座る位置が大切。　しっかり「ため」をつくる。　手を下のマットにつける。

第1章 ねこちゃん体操と、マット運動

**開脚前転って
むずかしい**

開脚前転は、開脚後転と違って前方に向かって運動するためそんなに恐怖がなく、簡単そうに見えます。しかし、体の「しめ・ため」を開脚後転よりも保ちづらく、なかなかむずかしい技です。開脚後転の学習後に学習した方がよいと考えます。

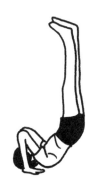   

③「お～しまいっ」の要領で足をふりおろす。（手は遅れてふりおろす）　　④大きく足をひらき、足がついたら手を股の近くにふりおろして前屈する。　　⑤「ニャ～オン」の要領で立つ。

 よくできない子へのワンポイントアドバイス
※「のばしゆりかご」で「ため」と「足のふりおろし」感覚を養いましょう。

よ～い　　それ、　　ビュ～ン　　ビシッ　　　　ビュ～ン　　ビシッ　　　　ビュ～ン　　ビシッ

 発展技、「伸膝前転」やってみよう！
※長座体前屈が深くできるようになると、手をつかなくても開脚前転ができるようになります。膝をのばしたまま前転することもできるようになるので次のような工夫（マットの下に足を折った長机をおく）で伸膝前転にチャレンジしてみましょう。

※長机がマットから出ないように注意

①段差がふくらはぎの中間になるようにする。　　②手をあげて「アンテナさんのようい」から「ピーン」の要領であふる。　　③「ため」の姿勢から一気に足をふりおろし、遅れてふりおろした手を下について深く前屈する。

【授業のめあて】開脚前転やってみよう！
開脚前転に必要な動きを補助やアドバイスをし合いながら、みんなのものにしよう。

	授業の流れ（4年生～）
5分	1．準備運動をする。 ❶ねこちゃん体操をする。（「お～しまいっ」の動きを大切にする）
上手な子を使って説明　3分	2．ねこちゃん体操の「お～しまいっ」を取り出して学習する。 ❷開脚前転に必要な「しめ」「ため」「足のふりおろし」を学習する。 （教師が補助の仕方を指導し、ペアになって練習する） アンテナさんのようい　　手を上に　　　　　お～～～～～～～～しまいっ  体幹をマットに垂直に　手を上にもってくる　「ため」をつくる　ためをぎりぎりまでたもって一気に足をふりおろす
グループで　7分	❸「お～しまいっ」のレベルをグループでペアになって確かめる。（【ステップ1】） 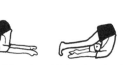 マットと垂直（　）　手を上に（　）　ためをつくる（　）　ためをぎりぎりまでたもって一気にふりおろす（　）
説明　10分　学習　15分	3．開脚前転をステップを追って学習する。 ※できる子もできない子も一緒に学習すること（異質協同の学び）によって開脚前転の技術構造に迫る。 ❹【ステップ2】足をのばした状態で「しめ」「ため」「足のふりおろし」「前屈」の練習をする。 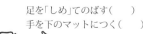 足を「しめ」てのばす（　） 手を下のマットにつく（　） すわった場所（　）しっかり「ため」をつくる（　） ❺【ステップ2】開脚前転やってみよう。  少し遠目に手をつく（　）　頭を中に入れ「ため」をつくる（　）　足をのばしたままひらき、かかとがついたら一気に前屈する（　）
5分	4．まとめをする。 ❻グループ発表をして、現在のレベルを確認する。（グループ全員で一斉に試技する） ❼わかったことを出し合う。（開脚前転のポイントについて大切だと考えたこと） ❽今日の成果を学習カードに記入する。

第1章 ねこちゃん体操と、マット運動

学習カード　開脚前転やってみよう！
（　年　組　　　　　　　　　）

【ステップ1】ねこちゃん体操「お～しまいっ」のレベルチェック（◎○△）をつけましょう。

背中がマットと垂直　　手を上に　　「ため」をつくる　　ためをぎりぎりまでたもっ
（　）　　　　　　　（　）　　　（　）　　　　　　て足をふりおろし（　）

【ステップ2】足をのばしたまま「しめ・ため・足のふりおろし・前屈」できるかな？

すわった場所　　しっかり「ため」をつくる　　足を「しめ」てのばす　　手を下のマットにつく
（　）　　　　（　）　　　　　　　　　　　（　）　　　　　　　　　（　）

【ステップ3】さあ、開脚前転にチャレンジだ。

少し遠目に手をつく　　頭を中に入れ「ため」をつくる　　足をのばしたままひらき、
（　）　　　　　　　（　）　　　　　　　　　　　　　　かかとがついたら一気に前屈する（　）

今日の学習の感想（かんそう）を書きましょう。

今日の成果（せいか）を確かめよう

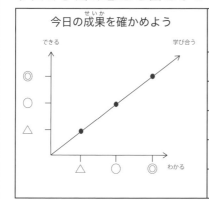

感想（できたこと・わかったこと・学びあったこと）を書きましょう。

53

12 側転の感覚づくり３つの方法　　　全学年

「側転（側方倒立回転）」は、ねこちゃん体操の「ハッ」の状態で回転する「ほん転系」の技です。手足・背中をのばしたまま逆さになって回転するので、手に体重をのせる支持感覚と、手足のつき方のリズム感覚を養う必要があります。

【その１】「山とび」（主に手足のつき方リズム／支持感覚）

ライオンガォーッ　　やま〜をとびこえ　　ガオーッ（手をはなし、ばんざいをする）

手を上にあげ、右足を後ろにひく。

とび箱をはさむように手をつけ右・左の順に足をつく。

そのままの姿勢で今度は逆の左・右の順に手足をつく。（どちらでもできるようになります）

もどってきたよ

《発展させよう①》マットをだんだん高くしていこう。

❶片方を高くしていこう。　　　　　　　　❷だんだん平らになっちゃった。

※高低差により、足がとび箱の近くにつく。　　※ほとんど側転ですね。

《発展させよう②》山をだんだん低いものにして３連続

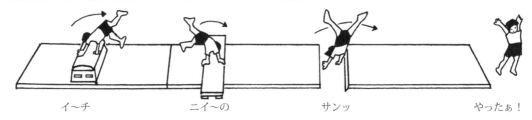

イ〜チ　　　　　　ニイ〜の　　　　　　サンッ　　　　　　やったぁ！

第1章 ねこちゃん体操と、マット運動

【その2】「ぞうさんパオ〜ン」（支持感覚／重心移動感覚）

❶足を入れ替えずにパオ〜ン　　❷上で足を入れ替えてパオ〜ン

※手がぞうさんの鼻！はじめる前、終わった後の「パオ〜ン」が大切（「つき」という体幹コントロール）
※前の足でけりあげる意識よりも、後ろの足を「ふりあげる」意識をもつことが大切。

❸ロープを利用して重心移動　　❹ロープをだんだん広くして側転にせまろう。

※後ろ足（ふりあげ足）を意識し、ロープの反対側におろすことを一番大切にする。
※後ろの足をのばしてふりあげることが、「足ののびた美しい側転」につながります。

❺フープでトントンやってみよう。　　❻フープを少しずつ開いていこう。

※後ろ足をふりあげて向かい側のフープに入れることを意識します。
※後ろ足がフープに入ったら、手を突き放し、次の足をフープの外に出すことが大切です。

【その3】「円盤まわり」（重心移動感覚／連続感覚）

　円を利用して逆位（さかさ）での手足の協応の動作とリズム、方向性などをとらえさせます。

　円は当初小さく、次第に大きな円にしていき、最終的には直線で行ない、さらに円の外側まわりに発展させます。

55

13 側方倒立回転（側転）はマット運動の基礎技　2年生～

側方倒立回転（側転後ろひねり）※その後の発展…ロンダート

①前を向いて腕を横からあげ、胸をそらす。

②一歩目を大きく踏み出す。

③後ろ足を上にはねあげる。

横から手をあげることによって肩甲骨をよせる。

大きくふみだして、大きな重心移動をする。「ねこちゃんまわり」（首先導）で横にひねる。

後ろ足を鉛直線上にはねあげる。

ねこちゃん体操の体幹コントロール（初級）
「ブ〜リッジ、あ〜しあげ」
＝Ｅ：頭の入れおこし、Ｆ：肩甲骨の寄せ、開き、Ｇ：倒立経過型あふり動作

「ねこちゃんまわり」
＝首先導ひねり

側方倒立回転（側転）が
うまくできないポイント

※上手な子に上手でない演技をしてもらっています。側転の構造が「わかっている」証拠です。

---

①ブリッジようい　ブ〜リッジ　あ〜しあげ

※p62～63{ブリッジできるといいね}参照

②ねこちゃんまわりでくるり（首先導ひねり）

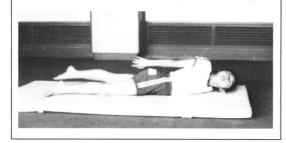

※「しめ」があまい。側転の入りが低い。これがうまくできない大きな理由です。

※視線の急激な下方移動がこわいために、視線を平行にさげて足がまがってしまうのです。

第1章 ねこちゃん体操と、マット運動

側方倒立回転はマットの基礎技

マット運動のおもしろさは、連続技の創作表現にありますが、その中心となるのが「ほん転系」の技群です。その技群の中で「側転」は、学習内容が豊かで発展性があり、しかも比較的技術獲得が容易です。マット運動の基礎技といってよいでしょう。

④ついた手の近くに、ふりあげ足をおろす。

⑤後ろ向きになる。

おきあがりをスムーズにするために、最初のつき手を見続け足を手の近くにおろす。

手をついた場所を見続けて進行方向の後ろ向きになる。

 よくできない子へのワンポイントアドバイス

【その1】手足のつき方リズムがうまくとれない。※視線をとび箱からはなすのが早いため

①山とびの復習(とび箱から視線をはなさない)

②フープを使った練習(後ろの足をフープの外へ出す)

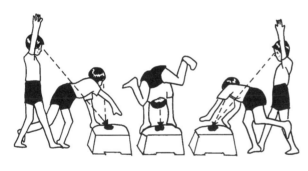

【その2】腰が低い／大きくふみだせない。(①、②) 腰がのびない／足がのびない。(③)

①ゴムひもを手でひっかける。

②障害物をこえる。

③ゴムひもをひっかける。(マットのつぎ目を手ではさむ)

※ゴムひもは、マットとマットのつぎ目の上に位置させると3次元的に位置を把握しやすい。

14 側方倒立回転（側転）の研究をしよう　4年生〜

ドッジボールで外野にだされた女の子は、側転をやりはじめます。前転をはじめる子はいません。それほど側転は魅力的です。また、「みんなでみんながきる」ためのグループ学習に最適な技といえるでしょう。

側方倒立回転（側転前ひねり）※その後の発展…アラビアン／90°前ひねり／ハンドスプリング

①大きく踏み込んで

大きくふみこみ、ねこちゃんまわり（首先導ひねり）で側方に手をつく。

②側転して

ふりあげ足をまっすぐにひじを外旋させて腕をのばす。

③前にひねって進行方向を向く

ふりあげ足がマットについたら、人間まわり（腰先導ひねり）で体幹をひねり前を向く。

ねこちゃん体操の体幹コントロール（初級）
「ねこちゃんまわり／人間まわり」の使い分け
＝首先導ひねり／腰先導ひねり

①ねこちゃんまわり（首先導ひねり）

※首先導で体をひねる。上の足が残っているのが特徴。進行方向を向いて側転に入り、横にひねるための動作。

②人間まわり（腰先導ひねり）

※足を先導し、腰からひねる動作。人間はほとんどこのまわり方。側転後、進行方向を向くためのひねり動作。

側転のための2つの **体幹コントロール**
「フーッ、ハッ」でこれだけ違う側転の形

③フーッでひじを内旋させる。
④ハーッでひじを外旋させる。

フーッ　　　　　ハーッ

⑤2つの側転
※手前の側転は、ひじが内旋している。

※奥の側転はひじが外旋している。

手前の側転は、移動が少なく、側宙に発展し、奥の側転は、「つき」がきいていてハンドスプリングに発展。

第1章　ねこちゃん体操と、マット運動

側転の研究をしよう

側転がどのくらいできているか、みんなで調査します。そして、自分がどんな側転をしているのか、はっきりさせます。その後、自分の課題を解決するための練習方法を考え、練習します。

《みんなの側転のレベル調査をしよう》
❶先生にBefore（学習前）の写真をとってもらう。
※After（学習後）にも写真をとってまとめる。
❷自分の側転が次のどのレベルにあるか確認する。
❸手足型を使って自分の側転の特徴をつかむ。

上の図のように、側転後に手型や足型を置き、自分や友だちの側転を調査します。試技者が、試技し終わったら3人が手足型を一斉に置きます。1人がその手足型を学習カードに記録し後で分析します。

※手足型の軌跡はおよそ以下のようになります。それぞれの軌跡を見るとその側転の特徴がわかります。

カシオペア型
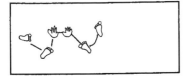
手をマットの真ん中につこうとして左足を斜めについてしまう初心者型。

ほとんどOK型
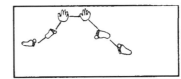
手が少し斜めにでるが、あとはだいたいまっすぐにつくことができる。

ふじさん型
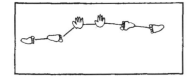
足はだいたいまっすぐでるが、倒立経過が斜めなため、手が左によっている。

OK型
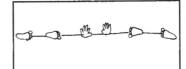
左足から左手、右足から右手の間隔が広く一定で、手足の軌跡がほぼ一直線。

《学習カード例》

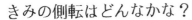

| 学習カード | あなたの側転は、どんなかな？
（　　年　　組　　　　　　　　　　） |

《Before（学習前のレベル）》 ※写真をはります。	《はじめの感想》	A型
		B型

☆手足型調査

♡側転の特ちょう

	C型
	D型

☆学習の目ひょう　　　　　　♡どんな練習をしていこう。

学習前型	手のつき方
	うでののび
	頭・目せん
	重心・こし
	足ののび方

第1章　ねこちゃん体操と、マット運動

| 学習カード | 側転の学習は、どうだった？
（　年　組　　　　　　　　　　）|

A型	《After（学習後のレベル）》
B型	
C型	※写真をはります。
	☆手足型調査（まとめ）
D型	

♡分析

《感想／反省》

学習後　型

15 ブリッジできるといいね　　　全学年

「ブリッジ」は、ほん転系の技にぜひ必要な感覚を内蔵しています。ひじが外旋した（腕がのびた）ブリッジができるようになると、ほん転系の高度な技が容易にできるようになります。

ねこちゃん体操「ブリッジ足あげ」

①ブリッジようい

耳の近くに手をつき、ひじで顔をはさむようにして肩甲骨をひらき、かかとをおしりにひきよせる。（つま先を軽くひらく）

②ブ〜リッジ

ひじをひらきながら肩甲骨をよせ、ニャ〜オンの要領で、腰・腹・胸・頭の順に波動させながらへそを上にもちあげ、あごをあげてマットを見る。

③あ〜しあげ
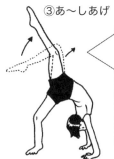

重心をあげない方の手と足に傾け、ひざを胸に引きよせるようにして片足をあげましょう。

あげる足のひざを支える足のひざによせるようにしてバランスをとり、ひざから足をあげて安定させてから足をのばす。

関係するねこちゃん体操の体幹コントロール
「ニャ〜オン」「かめさんグ〜ラン」
＝B：波動、D：ひじの内、外旋、E：頭の入れ・おこし、F：肩甲骨の「よせ・ひらき」

ブリッジが **うまくできないポイント**

①ねこちゃんのあくび　ニャ〜オン

②かめさんになって「ピーン」「グーラン、グーラン」

あごのしめ・ひらきを先導させながら、肩甲骨のよせ・ひらきのタイミングを利用して前後にゆらせる。

理想的なブリッジ

・ひじが外旋し、腕がのびている。
・頭をおこしマットを見ている。
・かかとがマットについている。
・ひざが足より後ろにある。

開発途上のブリッジ

・ひじが内旋、腕がまがっている。
・マットをみていない。
・かかとが浮いている。
・ひざが足より前に出ている。

第1章 ねこちゃん体操と、マット運動

ブリッジの感覚づくり ねこちゃん体操の中で一番むずかしいのが「ブリッジあしあげ」です。次のような方法で少しずつ「ブリッジ」の感覚と、動作ポイントを身につけましょう。

《ねこちゃん体操と、その他にこんなことやってみよう》

【その1】「かめさんグーラン」を習熟練習

肩甲骨を開いて脱力する。

あごをあげ、腕を引きながら足の親指を天井の方向にもちあげながら、肩甲骨を寄せる。

【その2】腹のもちあげ方

あおむけの状態から腰・腹・胸・頭の順に「波動あふり」を使ってブリッジ型の体の反らしを練習する。

【その3】肩甲骨の「しめ」の練習
※お友だちに、肩を引いてもらう。

【その4】腰・背・肩のリラクゼーション
※お友だちに支えてもらってリラックス。

小さくなった補助者に力をぬいて体をあずけます。補助者は、少しずつ体をあげます。手と足がついたら力を入れ、体をしめてブリッジ足あげをします。

【その5】まちがった補助をしていませんか。

※開発途上のブリッジ

「開発途上のブリッジ」を補助するのに右のようなやり方をしていませんか? この方法だと確かに足はあがりますがブリッジの形は変わらず、プラスになりません。

※補助者が主体の補助

※ブリッジの「できないポイント」が1つも解決されていない。

※学習者が主体の補助

※ついている足の腿とひざをもって左方向におすことによって学習者は力の入れ方や方向がわかる。

16 さかだち（3点倒立・補助倒立・壁倒立）やってみよう！

全学年

さかだちは、子どもたちのあこがれです。また、マット運動になくてはならない逆位による支持感覚がつまっている大切な技でもあります。子どもたちは、広いところに出ると早速「さかだちごっこ」をはじめます。さかだちはむずかしいので少しずつ楽しんで取り組みましょう。

《関係する「ねこちゃん体操」①》アンテナさんが「ピーン、ポキッ」

＝C：体の「しめ」　　　　F：肩甲骨の「寄せ・開き」　　　　A：「はね」型あふり動作

アンテナさんがピーン　　　「ポキッ」　　　　　　　　　　　「ピーン」

ひじを寄せ肩甲骨をしめ、腰を前に出すようにあふり動作をする。

ひじを軽く開き肩甲骨を緩めて腰を引き、足をのばしたまま屈身する。

ひじを寄せ肩甲骨をしめ、腰を前に出すようにあふり動作をする。

【その1】3点（3角）倒立やってみよう。

ひざをついて手をつき、ついた手のやや前に（3角の形になるように）前頭部をつく。

ひざをあげ、腰がついた前頭部の位置まで足を送る。

手に力を入れて足をゆっくりまげて床からはなし、腹につけ安定させる。

安定したらバランスをとりながら足をのばす。

上手になったら、足をのばしたままやってみよう。

第1章 ねこちゃん体操と、マット運動

《3点倒立練習の工夫》　《3点倒立の発展》

【その2】壁倒立やってみよう。

①はじめは、手をついたところから。　②壁に向かってやってみよう。　※壁倒立の最終段階

手をついたところから足で上にのぼっていきます。（ずっと床を見続けることが大切です）　壁から30cmほどはなれたところから足をふりあげて壁につけます。　次第に手を壁に近づけ頭を壁につけて足をはなします。

【その3】補助倒立やってみよう。

①はじめの段階の補助倒立

倒立する人は、手と足を近づけ、腰を高くします。　あげる足をのばして上にあげ、補助者はひざと背中をもちます。　補助者は、あとからあがってきた足をつかみます。　ゆっくりもちあげながら頭の方へまわりこみます。

②壁倒立で足が壁まであがるようになった段階の補助倒立　※倒立、むずかしいです。

位置を確かめ向き合って立つ。手をつく位置を見つめながら着手。足を垂直上にそろえる。　体のしめがとても大切です。

17 組み合わせ技②(倒立前転／後転倒立)やってみよう！

4年生〜

倒立前転と後転倒立は接触回転系の前転・後転と倒立の組み合わせ技です。重心(腰)の位置把握ができていないとなかなかできるようになりません。また、高度な「はね」型あふり動作を必要とします。

倒立前転

手を横から上にあげ、肩甲骨を寄せ、つま先立ちをして体をしめる。	手をふりおろすのと同時に、後ろ足をゆっくりふりあげる。	マットをしっかり見て頭をおこし、両足をそろえて倒立する。	頭をおこしたまま肩をやや前方に出し、すばやくあごを引いて頭を入れ、背中を丸めて前転をする。

《関係する「ねこちゃん体操」①》
ねこちゃんがおこった「ハーッ、フッ」を壁倒立からやってみよう。
＝A：「はね」、C：「しめ」、Dひじの「外・内旋」、E：頭の「入れ・おこし」

下から倒立「ハッ」　　　足で壁おし「ハーッ」　　　「フッ」で頭を入れて前転

下から足で壁をのぼって手を壁に近づける。(ハッの要領で頭をおこす)　　　足で軽く壁をおして倒立状態になる。(ひじを外旋させる)　　　「フッ」の要領であごをしめ、頭を入れて前転する。(ひじは内旋)

第1章　ねこちゃん体操と、マット運動

後転倒立（①〜③の詳細は、p46- 参照）

①足先を見る。
②手先でマットをなでる。
③おしりがマットについたら、手を耳のわきに。
④手がついたのと同時に足を上方にける。
⑤アンテナさんがピーンの要領で腰をあふり腕をのばす。

《関係する「ねこちゃん体操」②》アンテナさんが「ピーン、ポキッ」

（上級）＝C：体の「しめ」、A：「はね」型あふり動作、F：肩甲骨の「寄せ・開き」

アンテナさんのようい　　　　　「ピーン」　　　　　「ポキッ」　「ピーン」

  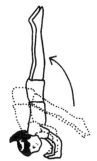

3点倒立で体を折った状態で、ペアが後ろにまわり足首をもつ。

ペアは、足を後ろに引くと同時にひざで腰をおして体をそらせる。後転倒立には、この「あふり動作」が最大の動作ポイント。

ペアは、ひざで腰をおすことをやめ、試技者みずからがこの「あふり動作」を行い、習得する。

　《後転倒立練習の工夫（補助付き）》

①アンテナさんのようい　　　　　　　　②アンテナさんがピーン

頭をマットの段差から出す。手を段差の下につき、肩甲骨をしめる。（開脚後転の「ようい」の逆）

足をやや後方に引き、（このままいくと伸膝後転になる）その直後上に引く。試技者は勢いよく頭をそらせ倒立する。

18 側転の発展①「ホップ側転前ひねり」やってみよう！ 2年生～

ホップ側転前ひねり

①軽く助走する。

胸をはってひざを高くあげ、軽快に助走する。

②高くホップする。

後半の「うき」を得るため、高くホップする。

③遠くに手をつく。

大きな重心移動でダイナミックに。ふりあげ足とふみ切り足のはねあげタイミングが大切。

ハンドスプリングに発展させるための ホップ側転の大切なポイント

※側転前ひねりができているかな。

※小学校で学習するマット運動の中では、ハンドスプリングが一番むずかしい技でしょう。ハンドスプリングは、助走を利用して前向きにジャンプをするので、この前ひねりが、直接発展していく大切な技です。

※ホップのきいたみごとなハンドスプリング

ホップ側転が できないポイント

※上の②③がうまくいかない人に

※上の②③のポイントが今ひとつダイナミックさに欠ける子は、高い位置から手をふりおろしていく感覚が身についていないといえます。左下写真のようにホップ中の腕がまがり、体が後傾しています。そこで右下写真のようにひじをゆるめ、前傾する側転の練習をすると効果的です。その際、「おばけの手～」というかけ声がとても有効です。

おばけの手～

第1章 ねこちゃん体操と、マット運動

ホップして側転やってみよう 助走をつけ、三段跳び（陸上競技）のホップ・ステップ・ジャンプのリズムのうちの「ホップ（ふみ切った足で着地する）」をして側転する技をホップ側転といいます。

④足をはねあげ、倒立経過をとる。　⑤前方に向きはじめる。　⑥進行方向を向く。

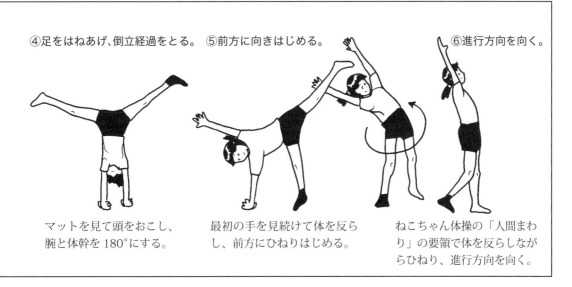

マットを見て頭をおこし、腕と体幹を180°にする。　最初の手を見続けて体を反らし、前方にひねりはじめる。　ねこちゃん体操の「人間まわり」の要領で体を反らしながらひねり、進行方向を向く。

 ホップ側転のスモールステップ（ふみ切り足＝左足、ふりあげ足＝右足で説明）
ホップ側転は、むずかしいので、次のようなスモールステップで練習しましょう。

【ステップ1】ふみ切り足を高くあげた側転やってみよう。

①左足を高くあげる。②左足を大きくふみ出す。③右足を大きくふりあげ側転し、進行方向を向く。

【ステップ2】ギャロップ側転やってみよう。※できたらスキップ側転

手を上にあげてギャロップを3回する。　　　　3回目に前の足を大きくふみ出し、側転する。

69

【ステップ3】両足ジャンプ側転やってみよう。

両手を少し後ろに引き、足をそろえて立つ。　両手を引きあげながら左足を引きあげ右足でジャンプ。　ジャンプした右足で着地し、左足を大きくふみ出して側転。　進行方向を向く。

【ステップ4】ホップして側転してみよう。

両手を少し後ろに引き、左足を一歩さげてかまえる。　両手を引きあげながら左足を引きあげ右足でジャンプ。　ジャンプした右足で着地し、左足を大きくふみ出して側転。　進行方向を向く。

【ステップ5】2歩歩いてホップ側転してみよう。

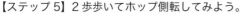

両手を後ろに引き、左足を一歩さげてかまえ、2歩歩いてホップし、側転をする。

【ステップ6】グリコ側転やってみよう。※グリコのマークを意識して側転

①テテテテッ（細かく走るオノマトペ）　②グリコォ〜　③そくてんっ

手を後ろに引いたまま足を合わせるため右足から4歩走る。グリコのマークのように両手と左足を高く上にあげ、側転。

第1章　ねこちゃん体操と、マット運動

学習カード	ホップ側転前ひねりチェック （　年　組　　　　　　　　　　　）

１．学習の前に
①ギャロップができますか？・・・・・・・□
②ギャロップ側転ができますか？・・・・・□
③両足ジャンプ側転ができますか？・・・・□
④ホップして側転ができますか？・・・・・□

２．つぎの順で学習しましょう。

【ステップ１】グリコ側転できるかな？・・□　※下の図に気がついたポイントを書きこもう。

【ステップ２】ホップ側転前ひねり・・・・□　※下の図に気がついたポイントを書きこもう。

今日の学習の感想（かんそう）を書きましょう。

今日の成果（せいか）を確かめよう

感想（できたこと・わかったこと・学びあったこと）を書きましょう。

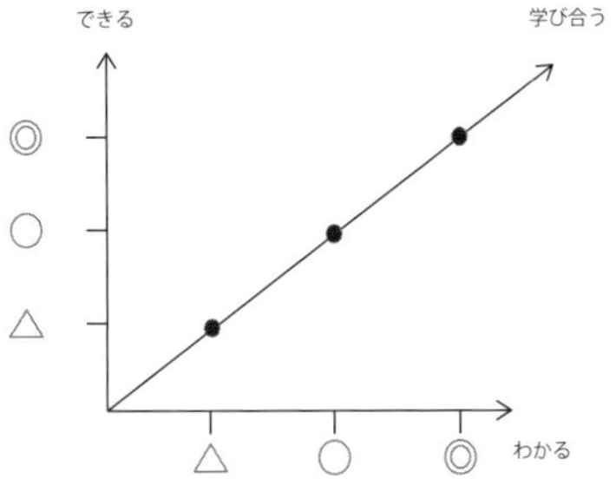

19 側転の発展②「ロンダート」やってみよう！　2年生〜

ロンダート

①軽く助走する。　②高くホップする。　③遠くに手をつく。

胸をはってひざを高くあげ、軽快に助走する。

後半の「うき」を得るため、高くホップする。

大きな重心移動でダイナミックに。ふりあげ足とふみ切り足のはねあげタイミングが大切。

ねこちゃん体操の体幹コントロール（上級）
ホップ側転の大切なポイント
＝A：はね型「あふり」動作、C：体のしめ

尺取り虫さん〜　こんにちは

※とび箱を使って「クルベット」の練習
（クルベット＝反らせた体をあふって「く」の字にする動作）

とび箱に手をつき、体を反らせて、一気に「あふり動作」

ロンダートができないポイント

※こんな形では、うまくいきません。

※横向きから入り、視線を前方に向けてしまう。

※低い体勢から入り、体の「しめ」が足りない。

第1章 ねこちゃん体操と、マット運動

ロンダートってかっこいい
ロンダートは、ホップ側転中に両足をそろえ、後ろにひねりながら、クルベットというあふり動作をして進行方向に対して後ろ向き両足着地する技です。この技は、その後バック転やバック宙に連続させることのできる非常に大切な技です。

④真上で足をそろえる。

⑤反らせた体を「あふる」（クルベット）

⑥両足で着地（できればジャンプする）

マットを見て頭をおこし、ふりあげた足とふみ切った足をそろえる。

反っていた体を「尺取り虫さんこんにちは」の要領であふる。

両足で後ろ向きに着地する。（つま先で着地し、おりてきた反動を利用してジャンプする）

 ロンダートのスモールステップ
※最大のポイントは、「手をついた所をずっと見続ける」ということです。

【ステップ1】「山とび」で後ろ向き着地　　【ステップ2】後ろ向き側転両足そろえ

※手をついた所をずっと見続ける。

※手をついた所をずっと見続け後ろ向きに着地して、後ろ足を着地した足にそろえる。

【ステップ3】ホップをしないでロンダートをやってみよう。（2年生でもできちゃう）

73

20 側転の発展③「アラビアン」(前方ブリッジ転回)やってみよう！

4年生〜

側転とブリッジが上手になったらアラビアン（前方ブリッジ転回）、ホップ側転前ひねりが上手になったら、側転90°前ひねりにチャレンジしてみましょう。

アラビアン（前方ブリッジ転回）

少し遠目に両手をつき、足をひらいたまま倒立に移る。

ふりあげ足を前方に屈してマットにつけその足に体重をのせ、足首・ひざ・腰と徐々に体重をのせて前方に転回する。

アラビアン（前方ブリッジ転回）のスモールステップ

※アラビアンは、体を深く後屈させる柔らかさが必要です。特に肩（肩甲骨）と胸の柔軟性が求められます。ねこちゃん体操の「ブリッジ足あげ」と壁倒立から練習します。

【ステップ1】ブリッジ、足あげ　　【ステップ2】足ひらき型壁倒立

※ねこちゃん体操の「ブリッジ、足あげ」で肩甲骨、胸、開脚の柔軟性を十分に養いましょう。

※壁から少し遠い位置に手をついて、後ろの足を壁にもってこないように、足を大きくひらくことが大切です。

【ステップ3】マットを高くつんで練習しよう。

おばけの手〜　後ろの足をふりあげる。後ろの足はもってこない。

マットをだんだん低くする。

第1章 ねこちゃん体操と、マット運動

21 側転の発展④「側転90°前ひねり」やってみよう！ 4年生〜

アラビアン（前方ブリッジ転回）と側転90°前ひねりは、直接ハンドスプリング（前方転回とび）に発展していく大変重要な技です。

側転90°前ひねり

高くホップし、少し遠目に手をつく。 ねこちゃん体操の「人間まわり」の要領でふりあげ足を背中側にひねる。 腰を入れながら前方にあふりながらひねる。 前方を向いて着地。

側転90°前ひねりのスモールステップ
※側転90°前ひねりは、側転中に両足をそろえるところまではロンダートと同じですが、その後、前方に腰をひねります。高度な「はね型あふり動作」が必要です。

【ステップ1】お〜しまい、ブリッジ

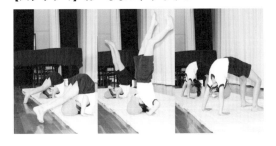

【ステップ2】3点倒立ブリッジ

【ステップ3】側転前ひねりをすばやく行う

※足をあまり開かずに、着地後足を引いてそろえる。

【ステップ4】「はね型あふり動作」

※手をつきはなし、前方にあふる。

22 側転の発展⑤「ハンドスプリング」やってみよう！　4年生〜

ハンドスプリング（腕立て前方転回）は、学校体育の中では一番むずかしい技だといえるでしょう。ねこちゃん体操の体幹コントロールがとても大事です。

ハンドスプリング（腕立て前方転回）

軽く助走。高く大きくホップ。　遠くに手をつき足を強くふりあげる。　マットを見続けてあごをあげ、上半身を垂直にたもつ。　両足をそろえ、つきはなす。　腰をのばして柔らかく着地。

ハンドスプリング（腕立て前方転回）のスモールステップ
※ハンドスプリングは、アラビアンや側転90°前ひねりから発展させます（p74〜75参照）。また、ホップ側転前ひねり（p68〜69参照）からも発展させられます。

【ステップ1】倒立ブリッジやってみよう。※腰を頭より向こう側まで反らせる感覚づくり

大きくふみこむ。　マットを見続けて肩と腰が鉛直上になるようにして足をそろえる。　頭の位置をたもちながら腰を反らす。（当初は、足を心持ち開くとよい）　足がつくと同時にひざのクッションを使ってひざを前に出しておきあがる。

【ステップ2】ホップ側転前ひねりの「つき手」の方向をかえよう。

①ホップ側転前ひねり　　②つき手の方向をかえよう。　　③両足着地してみよう。

横に手をつくと、着地してから前にひねることになります。　手を前方に向けてつくと、着地時に体がひねれて前方に着地できます。　側転の「手、手、足、足」のリズムを「手、手、足」のリズムにかえよう。

第1章　ねこちゃん体操と、マット運動

23 コレオグラフ「バランス／ジャンプ／ターン」やってみよう！　　全学年

コレオグラフ（choreograph）とは、舞踊的動きにバランス・ジャンプ・ターン・波動・振動など新体操的な動きをさします。単に技と技をつなげるだけでなく、コレオグラフ（ふりつけ）をするとより豊かな連続技となります。

《バランス技例》※このほかに、子どもたちの発明した技を取り入れましょう。
①V字バランス　　②Y字バランス　　③片ひざバランス　　④水平バランス

《ジャンプ例》
①鹿とび　　②大ジャンプ　　③開脚ジャンプ　　④ターンジャンプ

《ターン例》
①前方ターン　　②ひざ立ちターン　　③ジャンプターン

《その他コレオグラフ例》
①波動　　　　　　　　　　　　　　　②振動

※隣接する関節を交互に屈伸して行う動き。　　※波動の動きをもっとスピーディに行う動き。

77

24 グループリズムマット「うたごえマット」やってみよう！

2年生〜

グループリズムマットは、お話→うたごえ→メロディ（音楽）マットというように発展させます。うたごえマットとは、歌のリズムと歌詞を意識してコレオグラフを含むマット運動の連続技を創作し、みんなで演技するものです。

指導略案 グループうたごえマットやってみよう（3・4年生対象）

1. ねらい
- 側転の技術がわかり、練習してきれいな側転ができる。
- 練習の方法を知り、見通しをもって自主的・主体的な練習ができる。
- 準備、観察、教え合いができる。
- グループで連続技をつくり、歌に合わせてのびのびと演技する。

2. 指導計画

1時間目	2・3時間目	4〜7時間目	8時間目
オリエンテーション	課題うたごえマットの学習	グループうたごえマットの創作表現	発表会
①学習のねらいを知る。 ②学習の進め方を知る。 ③グループわけをする。（4〜6人程度） ④ねこちゃん体操のやり方を知る。	①ねこちゃん体操をする。 ②側転のレベル調査をする。 ③ポイントがきちんとできているかチェックする。 ④課題曲（たんぽぽひらいた＝本時）によるうたごえマット創りの方法を知る。 ※歌のリズムに合わせて、スピードコントロールをする。 ※技の高低、リズム変化、コレオグラフの有効性を知る。	①ねこちゃん体操を生かす。 ②大また歩き前転の習熟をする。 ③側転を含むうたごえマットをグループで創作し、大きくのびのびと演技する。 ※高低の変化をつける。 ※スピードの変化をつける。 ※次の技の予測をして、技をコントロールする。 ※つなぎをスムーズにする。 ※空間の使い方を考えて構成する。	①ねこちゃん体操 ②はじめのことば ③発表順の抽選 ④各グループ発表 ⑤アンコール ⑥見学者感想発表 ⑦先生の話 ⑧おわりのことば

3. 授業展開例（3時間目）

あさひマット　　　　　　　　お日様マット　　　　　　　　階段マット

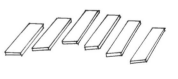

❶準備をする。（マットを並べる）

　上図のように、ずらしてマットを並べます。こうすると、指導者が全部のグループの動きを把握できます。また、ほかのグループと練習場所がずれるので、マットの横方向からも練習できます。

❷挨拶をし、目標を確認する。

　コレオグラフを導入し、技の組み合わせを工夫して、高低の階段マット変化のあるうたごえマットを創作し、歌のリズムに合わせて、みんなで楽しく演技します。

第1章 ねこちゃん体操と、マット運動

❸準備運動をする。
①ねこちゃん体操をします。
②側転３連続をします。
❹歌を２小節程度にわけ、それぞれの連続技シリーズをつくり、練習する。
【課題曲】たんぽぽひらいた

こばやしけいこ／作詞　丸山亜季／作曲

たんぽぽ　ひらいた　まっきいろに　ひらいた
はなびらと　はなびらと　にっこりしながら　ひらいた

【演技例】

①たんぽぽ　　ひいらいた　　　②まっきいろに　ひいらいた

| 創作例①コレオグラフ | 創作例②コレオグラフ | 規定技①３種目連続技 |

しゃがみ　ジャンプして　　両手を外から　水平　　側転　前転　ジャンプ
姿勢　　　両手足びらき　　回し方向転換　バランス

【隊形移動例】
①たんぽぽひらいた

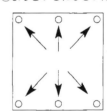

②まっきいろにひらいた

③はなびらと　はなびらと　　④にっこりしながら　ひいらいた

創作例③コレオグラフ
ポーズ

規定技②
側転

規定技③…ア・イ（高低）２種類
ア

前転　　立ちポーズ

イ

前転　前屈　V字バランス

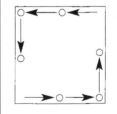
③はなびらとはなびらと

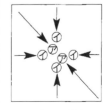
④にっこりしながら
　ひいらいた

※６人グループ例

※創作例①・③はグループで考える。
※練習は、お日様マットで10分、方形マットで10分程度行う。

❺マットを方形に敷きつめ、みんなで演技合わせをする。

25 むずかしい技にチャレンジ①「バック転」「バック宙」 4年生〜

実は、バック転・バック宙はハンドスプリングより簡単なのです。しかし、後方に向けての運動は、その感覚がついていないことが多く前方系よりも恐怖感が強く、危険を伴うため、「むずかしい」のです。小さいうちに器械遊びから後方系の運動の感覚づくりをしておくことが大切です。

バック転（腕立て後方転回）

①腰かけの姿勢をとる。（ひざが少し後ろに）　②ブリッジをしにいく要領で後方にジャンプ、体を反らす。　③着手時に体をしめ、腹側にはねる。（クルベット）　④着地後ジャンプ（連続につなげるため）

バック転（腕立て後方転回）のスモールステップ
※バック転は、体を後屈させる柔軟性と、後方運動の感覚が備わっていることが大切です。

【ステップ1】立った位置からのブリッジ　　　《立った位置からのブリッジの補助方法》

※足をひらき、ひざを内側にまげて安定させる。（おばけの手）ひざを前に出しながら後屈しあごをあげて手首をかえす。　※ひざとももを支持し、後屈していく時に、腰がついた足より少し前に出るようにサポートする。

【ステップ2】後方ブリッジ転回　　　《低学年の器械遊びで感覚づくり》

※前の足をあげながら後屈し、指先がつく瞬間に後ろ足をふみきる。　※タイヤを使って「それーっ」

第1章 ねこちゃん体操と、マット運動

【ステップ3】後方に転回する感覚を身につけよう。
①後方にたおれこむ。　②軽くジャンプする。　③強くジャンプして後転する。

あごを引き背中を反らす。腰をかけるようジャンプし、肩からつく。強くジャンプして肩から接地し、後転する。

バック宙（後方宙返り）

①肩をひきあげながら　　②ジャンプ最高点の少し前に上を見るように　　③着地面を見るように
　やや後方にジャンプ。　　して足を引きつける。（あまり頭を反らさない）　　して着地。

 バック宙（後方宙返り）のスモールステップ
※バック宙は、バック転が必要とする柔軟な後屈を必要としません。したがってバック転よりも簡単にできます。しかし、バック転から学習した方がよいと考えます。

【ステップ1】バック転とバック宙の違いを学習しよう。
❶バック転の体幹コントロール　　　　　　　　　❷バック宙の体幹コントロール

※比較のポイント…①ジャンプ前のひざの位置②腰の高さ③ジャンプの方向④頭の反らせ方

【ステップ2】ロンダートバック転・バック宙の前段階練習やってみよう。

※クルベット後、近くに着地してバック転の姿勢をとる。　　※クルベット後、遠くに着地してバック転より高くジャンプ。
※いずれも頭を反らせないようにして、ジャンプの方向だけを練習します。

26 むずかしい技にチャレンジ②「宙返り系」はかっこいい！

4年生〜

「宙返り」はアコガレの技です。学習指導要領にはのっていませんが、マット運動の系統技術として紹介します。系統を追って、安全に配慮し、順序良く学習すれば、十分習得可能です。

《後方スワン宙返り》※ロンダートバック転2連続以上、バック宙ができるようになったらチャレンジ！

【ステップ1】ロンダート＋バック転＋バック宙ができますか？

ロンダートのクルベットを深く。（足を近くにふりこむ）／バック転後、クルベットを遠目に足をふりこんでバック宙をする

【ステップ2】ロンダートスワン宙にチャレンジ。

Kちゃん（6年生）の見事なスワン宙

※バック宙とスワン宙の違い

やや後方にジャンプし、頭をおこさない。

後方に高くジャンプし、頭を反らせ、胸をひらく。

《前方宙返り》※とびこみ前転（できれば「反り型」）ができるようになったらチャレンジ！

❶前方宙返り（腕巻きこみ型）

　助走後、両足で後ろにとびあがるようなつもりでジャンプ。

　ジャンプと同時に腕をふりあげ、ジャンプの頂点よりやや前に腕をふりおろして、回転を助ける。

❷前方宙返り（腕ふりこみ型）

　助走後、後傾してジャンプ。

　ジャンプと同時にひじを後方にふりこんで回転を助ける。

　腕巻きこみ型よりも少ない助走（2〜3歩）で宙返り可能。

第1章　ねこちゃん体操と、マット運動

《側方宙返り》※片手側転、とび側転ができるようになったらチャレンジ！

※上手になれば、助走なしで側宙ができるようになります。

Lちゃん（4年生）の見事な側宙

軽く助走、手を上にあげてホップ。　手をふりおろしながら足をふりあげる。　ふりあげ足をすばやくふりおろす。

【ステップ1】片手側転やってみよう。　　【ステップ2】とび側転やってみよう。

最初のつき手（左手）を上にあげ、右手は横にして保つ。　　ふりあげ足を強くふりあげ、高くとんで手を遅らせてつく。

【ステップ3】ホップとび片手側転やってみよう。

軽く助走し、ホップして高く側転に入る。片手はなるべく遅れて手をつくようにする。

《アラビアン宙返り》※片手アラビアン、側宙ができるようになったらチャレンジ！
【ステップ1】片手アラビアン（前方ブリッジ転回）やってみよう。

右手（片手側転とは逆のつき手）をあげ、左手は水平にたもつ。左足を前にふみだし、右足を強くふりあげ、右手だけでアラビアン（前方ブリッジ転回）を行う。

【ステップ2】アラビアン宙（片足ふみきり前方宙返り）やってみよう。

両腕をふりあげながらホップして後ろ足を強くふりあげ、体を反らせて前宙し、頭を反らせたまま、ふりあげた足から着地。

83

27 連続技は楽しいな（連続技のつくり方）　2年生〜

マット運動のおもしろさは、ただ単に1つの技ができることばかりでなく、技を駆使してマットとその空間に「連続技表現」をするところにあります。この項では、より豊かな連続技のつくり方を紹介します。

《スムーズにつながる連続技づくり》
　技と技をスムーズにつなぐには、「次の技の予測と準備」「前の技の終わりの部分を次の技の最初の姿勢にするための体幹コントロール」「スピードコントロール」「技の正確さ」などが必要になります。

【ステップ1】前転と側転をスムーズにつなげてみよう。
❶「つなぎ技」を使う。（前転と側転の間につなぐための技を使う）

前転　　　両足ジャンプ（つなぎ技）　　右足着地　　　足　手　手　右足　左足

❷「こなし技」を使う。（前転の後半部分を側転の前半部分にこなすための技を使う）

前転　　　　右足でおきあがり（こなし技）　　左足をふみだし　　とまらずに側転

【ステップ2】後転と側転をスムーズにつなげてみよう。
❶「つなぎ技」を使う。　　　　　　❷「こなし技」を使う。

後転　ジャンプターン（つなぎ技）　側転へ　　　　後転　片足のばし（こなし技）　　　側転へ

第1章　ねこちゃん体操と、マット運動

《1つの技を3連続させよう》

【ステップ1】前転3連続やってみよう。
　　　　　※前の前転の後半部分が次の前転の前半部分となるようにつなげます。

【ステップ2】側転3連続やってみよう。
　　　　　※前の側転の後半部分が次の側転の前半部分となるようにつなげます。

　　　　　※後ろの足をおろすことが、次の側転のふみこむ足となります。

【ステップ3】前転3連続の中の1つを違う技に変えてみよう。
　　　　　※はじめ・なか・おわりの連続のうち、1つを変えてみる。（以下は中を変えた例）

前転　　　　　　　　ジャ～ンプ　　　　　　　　前転

【ステップ4】側転3連続の中の1つを違う技に変えてみよう。
　　　　　※はじめ・なか・おわりの連続のうち、1つを変えてみる。（以下は中を変えた例）

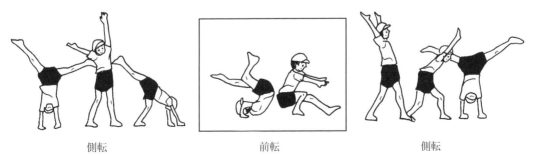

側転　　　　　　　　前転　　　　　　　　側転

《3種目連続が連続技の基本》

【ステップ1】技の「大・小」を入れてみよう。

前転（小）　　　　　ジャンプターン（大）　　　　　開脚後転（小）

【ステップ2】技のスピード（遅速）を変えてみよう。

側転（速）　　　　　前転（速）　　　　　前転（遅）　肩倒立（止）

《3種目＋3種目＋1種目（よりダイナミックな技）やってみよう》
※3種目連続技をたくさんつくり、その中の2つを組み合わせ、最後にフィニッシュ技をもってきます。

第1章 ねこちゃん体操と、マット運動

28 グループリズムマット「クラスマット」やってみよう！　2年生〜

グループリズムマットでの最高峰は「メロディマット（音楽マット）」です。しかし、長い音楽を6人程度で演じ切るのは至難でしょう。そこで考えたのが、クラス全員（6グループ）で入れ替わりながら演技してみたらどうだろうということでした。ここでは、4年生クラス全員の演技による「クラスマット」を紹介します。

4年生クラスマット「音楽の贈り物」

《クラスマットやってみよう》

【ステップ1】3種目連続＋バランス技を創る

①前転→前転→前転→バランスの3連続＋バランス技を基本に各グループでオリジナルをつくる。

3連続の中の1つ、2つをオリジナル技に替え、連続技の高低・大小などをおりまぜる。

前転　　　　　前転　　　　　前転　　　　　V字バランス

②側転→側転→側転→バランスの3連続＋バランス技を基本に各グループでオリジナルをつくる。

側転　　　　　側転　　　　　側転　　　　　水平バランス

【ステップ2】方形マット面の使い方を考える

一方通行　　左右対称　　交差　　ななめ交差

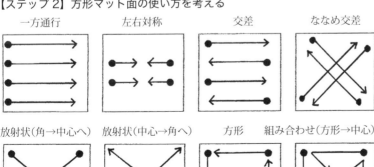

放射状（角→中心へ）　放射状（中心→角へ）　方形　組み合わせ（方形→中心）

※方形マットとは、マットを敷き詰めて、方形にしたマットのことをいいます。

【ステップ３】グループのスムーズな入れ替えを考える。

　この４年生の「クラスマット」は４〜６人ひと組のグループで、曲「音楽のおくりもの」（教育出版：小学校５年生の音楽教科書より）を分担し、交代しながらクラス全員で演技するものでした。このクラスマットで一番むずかしいのが"次の演技グループにどう場をあけわたすか"ということと"次の演技者がどこで待機し、どう前のグループと交代するか"つまりグループの入れ替えです。これがスムーズにいくと、とてもかっこよくなります。

グループの演技と待機場所、入れ替え例

♪この歌に　　　　リボンをかけて　　　　世界の仲間に　　　　とどけよう

側転⇒前転　　　⇒前転で出る　　　⇒交叉したグループが　　⇒次のグループが
　　　　　　　　　　　　　　　　　　ロンダート　　　　　　側転で入る

この歌は　　　　とおくにひびき

⇒側転　　　　　⇒アラビアン

♪どこかで　　　やさしい風になる　　夢広がる　　　　幸せがあるから

⇒側転ととびこみ　⇒ポーズ　　　　⇒次のグループ、斜めから　⇒時間差で斜めから
　前転ですれ違う　　　　　　　　　　ホップ側転90°前ひねり　　ハンドスプリング

歌声は時を越え　　言葉をこえる

⇒飛び込み前転で出る　⇒次のグループ側転３連続
　　　　　　　　　　　　ですれちがう

ぼくたちの　　　こころをむすぶ　　　音楽のおくりもの　　間奏

⇒次のグループ、片手側転３連続　　　　⇒ポーズをとって前転　⇒最後のグループ、
　　　　　　　　　　　　　　　　　　　　して伏せる　　　　　側転

第1章 ねこちゃん体操と、マット運動

間奏

⇒手つなぎ片手アラビアン

フィナーレ準備
⇒全員が集まって
フィナーレ準備

次のような学習カードで、待機場所と入れ替え方向を演技前後のグループと一緒に考えます。

場所入れかえ大作戦カード	前のグループ（▼ミトちゃん班）後ろのグループ（●ジュンチーム）					
歌詞	♪輪になろう	この歌は	こだまのように	どこかでやさしい	風になる	夢広がる
隊形	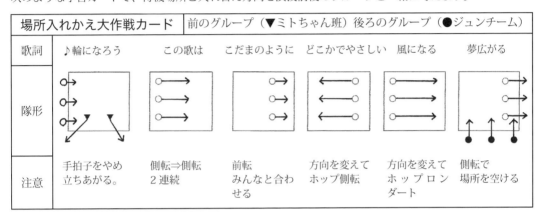					
注意	手拍子をやめ立ちあがる。	側転⇒側転2連続	前転みんなと合わせる	方向を変えてホップ側転	方向を変えてホップロンダート	側転で場所を空ける

【ステップ4】フィナーレを考える

　最後に全員が登場してのフィナーレを考えさせます。各グループの待機場所、演技順、ポーズまでの連続技、それぞれのフィニッシュポーズなど各グループの代表を集め検討して決めます。（かなり大変）

①初めに一番前のグループが位置取りをする
（全員そろうまで座って待機する）

②2番目前にきて座る　③左右から来て座る

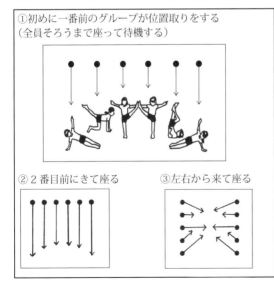

④全員立ち上がって4年3組のクラスマット「音楽のおくりもニッシュ！」「イエ〜イ！」

ねこちゃん体操と、鉄棒運動

第2章　ねこちゃん体操と、鉄棒運動

ねこちゃん体操には、当初「ねこちゃんがおこった、フーッハッ」が含まれていませんでしたが、鉄棒の授業を進めていくうちにどうしても必要になったのです。ねこちゃん体操が、鉄棒運動にどう関わっているか第2章で明らかにします。

1．鉄棒運動の技　※鉄棒運動の技は、次のように4つに分けることができます。

①鉄棒あそび《こうもりふり》	②おりる技《グライダー》	③まわる技《後方ひざかけ回転》	④あがる技《けあがり》

①鉄棒あそび…現代の鉄棒運動のルーツは、1811年ドイツ人、フリードリヒ・ルートビッヒ・ヤーンという人がはじめたドイツ体操「ツルネン」の中の「レック（水平棒）」という運動に求められます。ヤーンは、ものほしにぶらさがって遊ぶ子どもたちを見て考案しました。ぶらさがったり、よじのぼったり、ふったり、とびおりたりして、楽しく遊びます。
②おりる技…ふわりと浮いて、ぴたりと着地をきめる…鉄棒運動の醍醐味がつまっています。
③まわる技…スイングをいかして、鉄棒とその空間に自身の体を小さく・大きく回転させる・まさに鉄棒運動の中心技といってよいでしょう。
④あがる技…鉄棒にあがる技は、重心のひきあげを伴うので、けっこうむずかしい技です。

2．鉄棒運動の技術

　鉄棒運動の技術は、スイングと手首のかえしが最も重要です。ねこちゃん体操の体幹コントロールはそれぞれの要素に大きく関わっています。大きく2系統に分けられます。

ひざかけ系（後方ひざかけ回転）	腕支持系（後方支持回転）

鉄棒運動の基礎技術と基礎技

　鉄棒運動の技術ポイントは、回転技術にあります。具体的には・スイング技術・あふり技術・手首のかえしとおさえ技術ということになります。これを含んだものを基礎技術とします。これらをすべて含み、学習によって獲得すれば、さらに高度な技に発展できる技を基礎技とします。まとめると鉄棒運動の基礎技術と基礎技を以下のように考えています。

> 基礎技術＝スイングを含む体幹コントロールを伴う手足の協応による支持回転動作
> 基礎技＝スイングを含む「ひざかけ回転」

鉄棒運動の指導順序

1．たのしい鉄棒運動（「鉄棒運動っていやだなぁ」と思っていませんか？）

「鉄棒はどうも苦手だなぁ」…子どもに限らず、大人の方もそう感じている人が多いのではないでしょうか。どうやら、指導されてきた順序や方法が原因のようです。

公園の鉄棒で、「さかあがり」の特訓をしている親子をよく見ます。ごめんなさい。さかあがりはとてもむずかしいのです。「かけ算」を教えずに「わり算」を教えることはあまりありません。でも、体育ではそんなことがよくあるのです。鉄棒運動は、できなかった技を克服することだけでなく、鉄棒を支点として「鉄棒とその空間に自由に自己表現」するところに独特のおもしろさがあるのです。

私は、「あがる」「まわる」「おりる」の順に授業を仕組みません。「ぶらさがる」「ふる」「おりる」「まわる」「あがる」の順に指導計画を立てます。子どもたちは鉄棒が大好きになり、休み時間の学校の鉄棒は、順番を待つ子どもたちでいっぱいになります。

2．ぜひやってほしい技

①ぶらさがる技／ふる技

ぶらさがってふる技では、「こうもりふり」がとても大切な技になります。逆さまで「ふる」技でスイングに必要な体幹コントロール感覚を養いましょう。

ぶらさがる技をたくさん経験すると、子どもたちは、「鉄棒ってけっこう楽しい」と感じはじめます。例示にある技だけでなく、子どもたちの「発明技」を大いにほめましょう。子どもたちは発明技づくりに夢中になるはずです。これはまた、鉄棒運動の感覚養成になっていきます。

こうもりふり

後方ひざかけ後転

たまご（だるま）まわり

後方支持回転

②まわる技（ひざかけ系）

「まわる技」の中では、「ひざかけ回転」が大切です。両手とひざの３点支持のため、安定していて安全です。また、鉄棒運動に共通する「あふり」という体幹コントロールによるスイングが身につきますので、その他の技の基礎になります。

③まわる技（腕支持系）

「たまご（だるま）まわり」も子どもたちが喜んで取り組み、腕支持系のむずかしい技の基礎となります。「後ろたまごまわり」ができるようになると、「後方支持回転」に発展していきます。後方支持回転は高鉄棒につながる大切な技です。

3．「ふりとび」で高鉄棒へ

「後方支持回転」ができるようになったら、高鉄棒に挑戦します。高鉄棒は、スイングが命です。低鉄棒から「ふりとび」でスイングの感覚を養いましょう。

4．たかが「さかあがり」されど「さかあがり」

高鉄棒の学習には、さかあがりが必要になってきます。あがる必要があってこそ「あがる技」の真価が発揮されます。あがる技は、さかあがりに限らずけっこうむずかしいものですが、低鉄棒での今までの学習の成果があれば、比較的簡単にできるようになるでしょう。たかが「さかあがり」されど「さかあがり」、これも、大切な技です。

第2章 ねこちゃん体操と、鉄棒運動

鉄棒運動学習の進め方

1時間の学習の流れは、およそ次のようになりますが、特に低学年においては、授業の流れも実態に応じていろいろと変化するものであり、その状況に合わせて流れも変えていく必要があります。

1．学習指導の際に大切にしたいこと

①指示は、簡潔（少な目）に。

　長い説明、しかも複数の内容の指示は、高学年であっても全体にいきわたらせるのはなかなか難しいものです。特に低学年の子どもには、1つの指示で1つの行動を基本として、具体的な指示がなされるべきでしょう。

②その子のオリジナリティを大切にする。

　既成の技や例示にある技だけでなく、子どもたちの発明を大いにほめ、取り上げましょう。鉄棒運動という文化もそうして発展してきたはずです。特に、自己中心性が強いとともに独創性豊かな低学年の子どもたちにおいては、その子のオリジナリティを大切にし、豊かな創造力・表現力をさらに広げてあげたいものです。

「へへっおもしろいでしょ」

③目的・目標をはっきりさせる。

　子どもたちに「何をわからせたいのか」「何をできるようにさせたいのか」を、はっきりさせる必要があります。それをわかりやすい言葉で子どもたちに伝えたいものです。

④技の系統性・発展性をはっきりさせ、学習指導計画を立てる。

　すべての子どもに「わかる・できる・学び合う」力をつけるためには、科学的な技術分析と技の系統性・発展性を明確にすること。また、発達段階に即した学習計画（何をどんな順序で）を立てる必要があります。

⑤具体的で工夫した教具を用意する。

　鉄棒運動は、高学年にいくにしたがって敬遠される運動です。高学年であっても、「遊び」の中で楽しく鉄棒に取り組む必要がありそうです。鉄棒嫌いをつくらないためにも、低学年からの取り組みが大切になってきます。特に抽象思考能力の未発達な低学年の子どもたちの指導においては、遊びを中心にしながら、できること・できないことの事実や原因をはっきりとらえさせる必要があります。子どもが自分自身で確認したり、イメージづくりをしたりすることのできる具体的で楽しい教具の工夫が必要です。

⑥子どもがどのような反応・感想をもつか、可能な限り予測しておく。

　「楽しい」とか「いきいきと活動する」場面や内容、子どもの内面・変容などをできる限り予測します。そして、実態に応じて修正するような柔軟な姿勢も大切です。

2．学習の進め方

(1) 学習の流れ

①本時の目標・課題把握

　わかりやすい言葉で、簡単に。

②準備運動

　準備体操と準備運動は、わけて考える必要があります。心肺機能高揚・ストレッチなどの準備

第2章　ねこちゃん体操と、鉄棒運動

体操は、特に低学年の子どもたちには、あまり必要がありません。固定施設遊びや鉄棒慣れを中心に、準備体操の目的を包含した準備運動を考えていきたいと思います。また、学習進度に応じて準備運動も発展させていく必要があります。ねこちゃん体操は、準備運動として最適です。

③課題学習

　課題に対し、仮説をもってグループで学習を進めます。技の巧拙を客観的視点で比較し、ポイントを科学的に追求するためには、同じレベルの子でグループをつくるのではなく、異能力、異レベルの子どもたちによるグループで学習します。（異質協同の学び）

　課題は、技そのもののメカニズムであったり、連続技づくりであったりします。状況に応じて技そのものの学習がメインであったり、連続技づくりがメインであったりします。

(2) 学習指導の留意点

①準備のポイント
・体育係というように固定せず、グループで行う。
・準備の順番を決める。
・オリエンテーションを行い、練習する。
・休み時間中に準備する。

「集合！」

②集合の仕方

　集合の仕方もルールの1つとして話し合い決定しておく。
・「○○の前に集合！」○○の場所に2m程度の間隔をあけて、グループごとに整列して座る。
・「○○の前に集まれ！」○○の前にばらばらに集まって座る。

③順番待ち
・試技者（学習、練習者）がよく見える位置で。
・試技者の後ろで待たない。危険であり、試技者の顔を見ながら待つ。
・試技者に集中させる工夫を。授業では、試技者に対してみんなで学習を進めるグループ学習の形をとるため、声かけ、補助などがしやすいように順番待ちの位置も工夫する。

「ほらっ！　もう少し！」

④補助の仕方、観察の仕方
・試技者の真後ろ、真ん前に立たない。観察の場所を決める。
・試技者を応援、励ますつもりで行う。ふざけたり、からかったりしない。
・補助のポイントをしっかりとおさえる。
・役割分担をしっかり決める。

(3) 場の設定（発表会場例）

　※右図は、発表会場例ですが、普段の授業でも基本的に場の設定は、変わりません。

①発表会のポイント
・進行係を決め、打ち合わせをし、進行の練習を。

②発表会進行例
・はじめのことば　・発表順抽選会
・各グループの発表（演技のアピール含む）
・アンコール演技（多数決で2グループ程度）
・先生の話　・おわりのことば

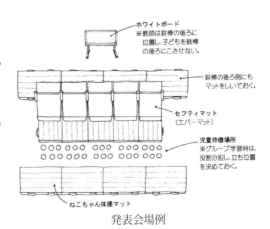

発表会場例

1 固定施設（遊具）遊びやってみよう！

低学年

固定施設（遊具）遊びは、直接鉄棒運動に発展させる多くの要素を含んでいます。低学年はもちろん、中・高学年でも準備運動、補助運動として取り組みます。

①ぶらさがってみよう。

あしじゃんけん

かたてじゃんけん

ろくぼくさがり

②ぶらさがって、ふってみよう。

よこわたり

ぜんしん／こうたい

ジャングルぶらんこ

のぼりぼうぶらんこ

③ぶらさがって、まわってみよう。（いろいろなところで、「足ぬきまわり」）

④さかさまにぶらさがってみよう。

ジャングルこうもり

ジャングルさかだち

なまけもの

うんていこうもり

第2章 ねこちゃん体操と、鉄棒運動

⑤のぼってみよう。

よじのぼり　　　　やもりのぼり　　　　カメレオンのぼり　　　ずらしのぼり

⑥とまってみよう。

くものす　　　　　おすわり　　　　　てばなし　　　　　さかさじゅうじか

⑦たかさになれよう。

うんていじゃんけん　うんていわたり　　スーパーマン　　　おれはジャイアン

⑧おおきなスイングをしてみよう。

ひとつぬかし　　　ぶらんこ　　　　　　へいこうぼうふり

⑨むずかしいバランスをしてみよう。

あおむけさがり　　ハンモック　　　　したすいへいばなし　うえすいへいばなし

2 鉄棒「おちっこ大会」やってみよう！ 全学年

鉄棒運動は、「落ちるとこわい」ものです。でも、スリルがあるからこそ鉄棒はおもしろいのです。技の学習に入る前に「おちっこ大会」をして楽しみましょう。

【ステップ1】おちっこ大会「ブタのまるやきおち」やってみよう。

ブタのまるやき　　　　はい、やけた

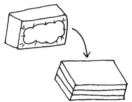

※鉄棒の下には、安全のため、エバーマットをしきます。
エバーマットがない場合には、寝具用マットレスにカバーをしたものを用意します。

【ステップ2】お話鉄棒「ブタのまるやき、はいやけた」は、できるかな？

ブタの〜まるやき　　ブタの〜まるやき　　ブタの〜まるやき　　　　はい　　やけた

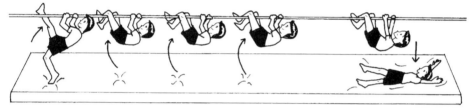

うでをまげ、おなかに力いれてかた足をかけ、もう一方の足もかける。（3回）　　うでをのばす。　大の字になって落ちる。

【ステップ3】おちっこ大会「さるも木からおちる」やってみよう。

①さるも〜　　木から〜　　おちるっ　　　　　②さるが〜　　うしろに〜　　おちるっ

とびあがり　　前にまわって　　落ちる　　　　とびあがり　　うしろむきに　　落ちる

【ステップ4】お話鉄棒「つばめさんがおちた」やってみよう。
つばめさんがピョン　つばめさんがピョン　つばめさんがピョン　で、ピーン　グルッとまわって　どし〜ん

3回とびあがる　　前を見て手首をかえし体を反らす　　反らしたまま大きくまわって落ちる

※このほかにどんな落ち方があるか、みんなで考え、みんなで試してみます。

第2章 ねこちゃん体操と、鉄棒運動

3 鉄棒「ぶらぶら大会」やってみよう！　　全学年

1800年代、ドイツのF・R・ヤーンが提唱した鉄棒運動（レック＝水平棒）の技は、「ぶらさがる技」が中心でした。子どもたちもぶらさがるのが大好きです。

《ぶらさがり例》子どもたちは、こんな技を発明しました。

左写真のぶらさがり技を子どもたちは「逆ぶたさがり」と名づけましたが、ヤーンの時代にもレックの技として存在していました。

→

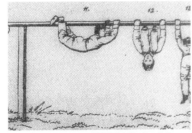

ボルネマンの鉄棒運動（一部）

| 学習カード | 「ぶらさがる技（わざ）をたくさんつくろう」
（　　ねん　　くみ　　　　　　　　　　　） |

あなたのかんがえた「ぶらさがりかた」を、えにかきましょう。（たくさんかいてね）

4 おりる技（ふりとび）からやってみよう！　全学年

りんごがおちた

　　　　はじめます　　　　　　　　　りんごが　　　　　　　　ゆらゆら

①少し後ろの方に立って、スイングをしやすくする。
②ひざを「フッ」の要領で胸に引き寄せる。
③「ハッ」の要領で足を後ろにひき、体を反らす。

ねこちゃん体操の体幹コントロール　「フーッ、ハッ」と「ニャーオン」から
＝A：はね、C：しめ、B：波動の動作

「スイング」「おり方（あふり）」がうまくできないポイント

※「フーッ、ハッ」の動作をしっかりと

「フーッ」「ハッ」＝A・C：「はね」型あふり動作

※「ニャ〜オン」を身に付けよう

「ニャ〜オン」＝B：「波動」型あふり動作

※こんな形では、うまくいきません。

《スイングの仕方》

手に力がはいり、ギュッとにぎってしまっていて手首のかえしがないのでスイングができない。

《おり方（あふり）の仕方》

「あふり動作」をせずに、スイングの途中で手をはなしてしまうため、後ろにひっくりかえってしまう。

第2章 ねこちゃん体操と、鉄棒運動

| 鉄棒運動は おりる技から | 鉄棒運動は、おりる技から始めましょう。鉄棒運動は、「あがる・まわる・おりる」という一連の動作で構成されていますが、あがる技は、数が少なく難しいものが多いのです。まずは、高いところから安全に、しかも楽しく「おりる技」から始めましょう。 |

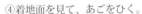

④着地面を見て、あごをひく。　⑤手を押しはなし、胸をだすようにしてあふり、体を反らす。　⑥足を軽くまげ、柔らかく着地して3秒間静止する。

 よくできない子へのワンポイントアドバイス
①にぎり方のポイントを確認し、どうしたら上手にスイングできるか学習しましょう。
②おり方（あふり）のポイントを確認し、どうしたら「ふわっと」おりられるか学習しましょう。

①スイングのポイント　　　　②おり方（あふり）のポイント

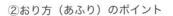

ひざを胸にひきよせて　　手首をかえす。　　着地面をみて、あごをひく。　手を押しはなして
手をにぎりかえる。　　　　　　　　　　　　　　　　　　　　　　　　胸をだしてあふる。

 発展技、「おり方に『ひねり』をいれてみよう！

はじめます　リンゴが　ゆら　ゆら　はい　おちた　ポーズ

【授業のめあて】「ふりとび」の研究をしよう。

上手な「スイング」「あふり」（着地）の仕方をみんなで考えましょう。
ふりとびの入ったお話鉄棒をみんなで考え、みんなで演技しましょう。

	授業の流れ（中学年）
導入 5分	1. 準備運動をする。 ❶ねこちゃん体操をする。 2. グループで、「リンゴがおちた」に必要なねこちゃん体操の動きを練習する。 ❷「フーッ、ハッ」を練習する。 ❸「ニャ～オン」の動きを練習する。 「ニャ～オン」の動きはできたかな？
全体学習 5分	3. お話鉄棒「リンゴがおちた」のやり方を知る。 ❹見本の「リンゴがおちた」を見てイメージをもつ。 （教師の示範、または事前にチームリーダーに指導しておいて示範させる）  はじめます　　リンゴが　　　ゆら　　　ゆら　　　はい　　　　おちた
グループ学習 25分	4. 「スイングの仕方」「着地の際の『あふり』の仕方」の各ポイントを学習する。 ❺次ページ学習カード【おりる技「ふりとび」の研究をしよう】を確認し、練習する。 （グループでそれぞれのポイントをどうしたらよいか考え、練習する） 《スイングのポイント》　　　　　　　　　《おり方（あふり）のポイント》  ひざを胸にひきよせて　手首をかえす。　着地面をみて、　手を押しはなして 手をにぎりかえる。　　　　　　　　　あごをひく。　　胸を出してあふる。 ------ 5. みんなで「ふりとび」の入った「お話鉄棒」を創作し、演技する。 ❻グループで「ふりとび」の入った「お話鉄棒」を考え、練習する。
まとめ 10分	6. まとめをする。 ❼各グループごと、全員で創作した「お話鉄棒」を演技する。 ❽わかったことを出し合う。（よかったことを発表し、どんなところがよかったか、まとめる） 《ふりとびのポイントについて》 ・ひざを胸にひきよせる。・手をにぎりかえる。・着地面をみて、あごをひく。 ・手を押しはなして胸を出して（あふり）着地する。 《みんなの創った「お話鉄棒」について》 ・みんながそろっていたか。・リズミカルだったか。・工夫があったか…など。 ❾学習カードに今日の成果を書き込む。

第2章　ねこちゃん体操と、鉄棒運動

学習カード	「おりる技『ふりとび』の研究をしよう！」（中学年用） （　　年　　組　　　　　　　　　　　　　　）

♡ しかくの中に、わかったことをかきましょう。

※しかく内の記入例は消してください。

★じょうずなスイングは？　　　　　　　★じょうずな「あふり」は？

記入例
ひざをむねに
ひきつける。

記入例
ちゃく地する
ところを見る。

記入例
手をにぎり
かえる。

記入例
手をおし
はなす。

記入例
むねをはって
「あふる」

♡ みんなでつくったお話鉄棒（えとお話をかきましょう）

【お話鉄棒例】※この部分を消して利用して下さい。

はじめます　　　　ゆりかご　　　　ゆらゆら　　　　こりすが　　　　ポン

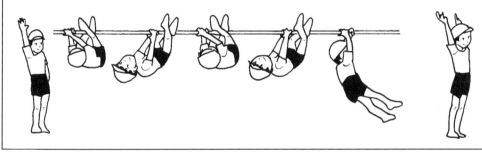

♡ きょうの学習のかんそうをかきましょう。

チェックしましょう。	◎○△	かんそう（できたこと・わかったこと・学びあったこと）をかきましょう。
できるようになりましたか？		
わかったことがありますか？		
友だちにおしえてあげましたか？		
友だちにおしえてもらいましたか？		

5 「地球まわり」やってみよう! 　　　全学年

今度は、足をかけて頭を下にしてぶらさがってみましょう。手のにぎり方を工夫すると、腕のねじれによって体の回転が始まります。これが「地球まわり」です。

【ステップ1】片足をかけて、ぶらさがってみよう。

　　片足かけて　　　　　　ぶら〜ん　　　　　　※それができたら、かけていない足をふってみよう。

頭を反らして腕をのばし足を鉄棒につける。　　鉄棒を見て腕をまげ足を鉄棒からはなす。

【ステップ2】両足をかけて、ぶらさがってみよう。

　　足かけて　　　　　　ぶら〜ん　　　　　　※それができたら、ふってみよう。

はじめは片足ずつ、なれたら両足一度に　　　鉄棒を見て腕をまげる。　　頭を反らし、腕をのばす。

【ステップ3】お話鉄棒「おさるがゆれた」をやってみよう。

①おさるがぶらさがって　②ユッサ　③ユッサ　④ユッサ　⑤ユッサ　⑥はいおりた。

①両足をかけ、鉄棒を見る。　②頭をそらし、腰を腕にひきよせて足をのばす。　③鉄棒を見て、足をかける。　　　⑥足をはずしておりる。

【ステップ4】「地球まわり」やってみよう。

右手を逆手に　ステップ3の②　勝手にまわって反対向きに　足をかける

あごをひいて体角を深く

【ステップ5】世界一周

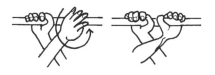

地球まわりの順手（左手）をさらに右にまわしてねじり、逆手にすると一回転することができます。

6 「こうもりさがり（おり）」やってみよう！　全学年

ひざを鉄棒にかけて手をはなし、ぶらさがる「こうもりさがり」は、逆さ感覚を養うのに最適な技ですが、大変怖いものです。順を追って楽しく学習しましょう。

【ステップ1】足をかけてぶらさがってみよう。（まだ手ははなさない）

①ぶたのまるやき　　②ぎゃくぶたさがり　　③ひこうき　　④あしぬきさがり

【ステップ2】さかさになって、手をはなしてみよう。

①おててをはなそ　はなそ　はいできた　　②おさるのえかきだよ　　③こうもりジャンケン

【ステップ3】「こうもりさん、ぶらさがりおち」やってみよう。

※足ぬきまわりの練習　　こうもりさ～ん　　くるりっ　　トコトコトコッ　　で、　　ドシ～ン

「フッ」の要領で腰をあげる　　足ぬきまわりの要領で　　みんなの顔が見えるまで進む　　体全体で…（気持ちいい！）

【ステップ4】「ドシ～ン」を発展させよう。

①トコトコ　で　おすわり　　②トコトコ　さるだち
トコッ　　（正座）　　　　　トコッで　（しゃがみ姿勢）

【ステップ5】一度ふってからおりよう。

トコトコトコッ　　ぶら～ん　　でっ　　ポン
（行ききったところで手をはなし、一度ゆれて手をついておりる）

7　おりる技（こうもりふりおり）はとても大切　　全学年

こうもりふりおり

こうもりさ〜ん、くるり
（足抜きまわりで足をかける）

お手てでパッ
（手でマットをかく）

こんにちは
（スイングする）

①鉄棒の真下にぶらさがりひざを胸にひきよせる。

②手でマットをかくと同時に前を見て頭を反らす。「ハッ」

③「フッ」の要領であごをひき体軸から頭をずらす。

ねこちゃん体操の体幹コントロール
「フーッ、ハッ」と「ニャーオン」の動作から
＝B：波動動作、E：頭の入れ・おこし

「スイング」「おり方（あふり）」が
うまくできないポイント

※「ハッ、フッ」のリズムを鉄棒で。

第1段階…「ハッ、フッ」＝「はね型あふり動作」

※「ニャ〜オン」の「波動型あふり動作」

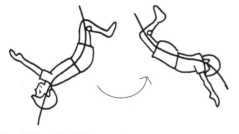

第2段階＝「波動型あふり動作」で大きなスイング

※こんな形では、うまくいきません。

《スイングの仕方》

腰を必要以上に折ってしまっていて、あふり動作をしないで、そのまま体を反らせている。ふりの途中で次の動作に移らないとスイングができない。

頭の位置が動いていない。

《おり方（あふり）の仕方》

おりる寸前に下を見て反っていたあごをもどさないとあふり動作ができず、体が反ったままで足がはずれない。

第2章 ねこちゃん体操と、鉄棒運動

こうもりふりはとても大切な技

「こうもりふり」には、逆さ感覚とスイング感覚がつまっています。こうもりふりでは、とくに「あふり」という体幹操作によるスイングのつくり出しの感覚を育てることが大切です。ここで体感したスイング感覚は、この後ずっと役に立っていきます。

こんにちは
（スイングする）

さようなら
（スイング後、マットを見る）

で、ポン
（足をはずし、あふって着地）

④体軸が腹方向最大ふりになる前に体をそらす。「ハッ」

⑤体軸が背方向最大ふりになる前にあごを引きはじめる。

⑥マットを見てあごをしめて、足をはずしひざを腹に引き寄せる。

よくできない子へのワンポイントアドバイス

エバーマットをしいてあげれば、子どもたちは喜んで一所懸命練習し、感覚をつかんでいきますが、なかなかタイミングをつかめない子がいます。そんな時は下のような補助をしてあげましょう。

①スイングのタイミングをつかませる補助
あごと後頭部に手をそえて、最大ふりになる前に「フッ、ハッ」の動きをさせる。

②おり方（あふり）の体幹操作をつかませる補助
足を左手で軽くおさえ、腹に右手をそえてもちあげ、左手をはなして着地させる。

発展技、「ねこだち」やってみよう！

「ねこだち」というのは、子どもたちの創った技です。次の2種類があります。

①高めの鉄棒で、「ねこだち」

体を思いっきり反らす ➡ 一気に屈身して足をはずす

②一発のスイングで、「ねこだち」

腕をまげ、体を鉄棒に引き寄せる ➡ 手をはなし一気に体を反らし足をはずして着地

【授業のめあて】「こうもり」の研究をしよう。

みんなの「こうもりふりおり」を調べて練習しましょう。
こうもりふりおりの入ったお話鉄棒をみんなで考え、みんなで演技しましょう。

	授業の流れ（中学年）
導入 5分	1. 準備運動をする。 ❶ねこちゃん体操をする。 2. グループで、「こうもりふりおり」に必要なねこちゃん体操の動きを意識して練習する。 ❷「ハーッ、フッ」を練習する。 ❸「ニャ～オン」の動きを練習する。 ねこちゃん体操が関係するあふり動作  スイング（ニャ～オン）　おり方（ハーッ、フッ）
全体学習 5分	3. お話鉄棒「こうもりさんこんにちは」のやり方を知る。 ❹見本の「こうもりさんこんにちは」を見てイメージをもつ。 （教師の示範、または事前にチームリーダーに指導しておいて示範させる） こうもり　　　お手てでパッ　こんにちは　こんにちは（2回ふる）　さようなら　で、ポン さ～ん、くるり
グループ学習 25分	4. 「スイングの仕方」「着地の際の『あふり』の仕方」の各ポイントを学習する。 ❺次ページ学習カード【「こうもりふりおり」やってみよう！】を確認し、練習する。 （グループでそれぞれのポイントができているか確認し、練習する） 《スイングのポイント》　　　　　　　　　　《おり方（あふり）のポイント》 　　　 最大ふりになる前に　　　　　　　　　　　着地面をみて、あごをひく（しめる）。 「ハッ」「フッ」の体幹操作（あふり）をする。　足をはずして腹にひきよせるようにあふる。 - 5. みんなで「こうもりふりおり」の入った「お話鉄棒」を創作し、演技する。 ❻グループで「こうもりふりおり」の入った「お話鉄棒」を考え、練習する。
まとめ 10分	6. まとめをする。 ❼各グループごと、全員で創作した「お話鉄棒」を演技する。 ❽わかったことを出し合う。（よかったことを発表し、どんなところがよかったか、まとめる） 《こうもりふりおりのポイントについて》 ・最大ふりになる前に「ハッ」「フッ」の体幹操作（あふり）をする。 ・着地面をみて、あごをひき、足をはずして腹にひきよせるようにあふる。 《みんなの創った「お話鉄棒」について》 ・みんながそろっていたか。・リズミカルだったか。・工夫があったか…など ❾学習カードに今日の成果を書き込む。

第2章 ねこちゃん体操と、鉄棒運動

| 学習カード | 「こうもりふりおり」やってみよう！（中・高学年用）
（　年　組　　　　　　　　　　　　）|

♡あなたの「こうもりさん」はどんなかな？
（お友だちに○をつけてもらいましょう）

【スイングのタイミング】
※それぞれ「最大にふれる前」に
「ハッ」「フッ」をしていますか？

【おり方（「あふり」のしかた）】
①マットを見てあごをしめる。
②足をはずして、「フッ」をする。

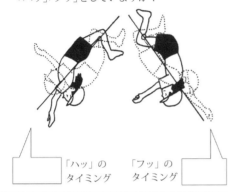

「ハッ」の　　「フッ」の
タイミング　　タイミング

①　　　　　②

♡みんなでつくったお話鉄棒（絵とお話をかきましょう）

【お話鉄棒例】※この部分を消して利用して下さい。

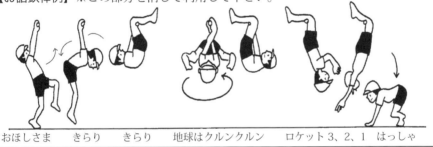

おほしさま　きらり　きらり　　地球はクルンクルン　　ロケット3、2、1　はっしゃ

今日の学習の感想を書きましょう。

今日の成果を確かめよう

できる　　　　　学び合う

◎
○
△
　　　　△　○　◎　わかる

感想（できたこと・わかったこと・学びあったこと）を
書きましょう。

8 おりるわざ「グライダー」やってみよう！   3年生〜

中学年以上になったら、中鉄棒（少し高い鉄棒）でダイナミックな「おり技」に挑戦しましょう。グライダーやふりとびは、高い鉄棒の運動での安全なおり方にぜひ経験しなければならない技であるとともに、「あふり動作」「はね動作」を身につけるためにも重要な技であるといえます。

《関係する「ねこちゃん体操」》

①ねーこちゃんがおこった「フーッ」「ハッ」　②ねちゃんのあくび「ニャ〜オン」「ニャ〜オン」　③かめさんになって「グ〜ラン」「グ〜ラン」

A：「はね」型あふり動作
B：「波動」型あふり動作
C：身体の「しめ」動作

B：「波動」型あふり動作

B：「波動」型あふり動作

【ステップ１】鉄棒でねこちゃんがおこった「フーッ、ハッ」

ねこちゃんがおこった　　フーッ　　　　ハッ　　　　　で、ニャーオン

鉄棒の真下に立ち、腰をひく。（腕は脱力して伸ばす）

フーッの要領で足をあげて前にふり出す。

ハッの要領で体を反らし足をふり下ろす。

足がついたらニャーオンの要領で腰、腹、胸の順にあふり手を押しはなす。

【ステップ２】ニャーオンとび（棒下ふり出しとび）やってみよう

一歩ひいて　　　　　それっ　　　　　で、ニャーオン　　　　で、ポン

少し後ろに立って鉄棒をにぎり片方の足を後ろにひく。

ひいた足を鉄棒近くまでふりあげて

もう一方の足を引き寄せて両足をそろえ、ニャーオンの要領であふる。

柔らかく着地する。

第2章 ねこちゃん体操と、鉄棒運動

【ステップ3】「棒下ふり出しとび」でどこまでとべるかな？

少し後ろに立って鉄棒をにぎり。

軽くとびあがって「フッ」の要領で腰をひき、両足を鉄棒に引き寄せる。

引き寄せた足先からズボンをはくように体を反らせながら

ニャーオンの要領であふって足をふり下ろして

鉄棒を腕で押しはなすようにして遠くにとぶ。

【ステップ4】「棒下ふりとびおり」やってみよう

軽く足を前にだす。

ハッの要領で足を軽くふりあげる。

フッの要領で足をふりおろし、腰が鉄棒につく瞬間に体を後ろに倒す。（この時、あごはしめる）

体が後ろに倒れたら肩角を一気にひろげニャーオンの要領であふる。

腕で鉄棒を後ろに押しはなして着地する。

【ステップ5】「グライダー」（足裏支持半回転おり）やってみよう

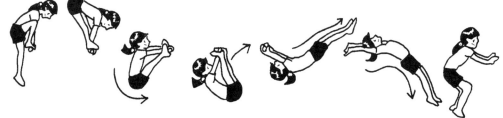

鉄棒の上に片足ずつのせる。※慣れてきたら、ハッの要領で跳ねあがり、両足同時に。

鉄棒を見るようにして両腕と足をのばして腰から後ろに回転する。

腰が鉄棒の下を通過してふりあがってきたところで両足を鉄棒からはなし、前にふり出しながらニャーオンの要領であふる。

腕で鉄棒を後ろに押しはなして着地する。

 よくできない子へのワンポイントアドバイス

※両足をかけてぶらさがり、お友だちに押してもらって足をはなすタイミングを練習しよう。

※台の上から（段々高くする）片足をかけて、後半部分の練習をしよう。

9 「スイングのつくり出し」と「手首のかえし」の感覚を身につけよう！

全学年

鉄棒運動の技のポイントは4点（次項参照）ありますが、その4点の中で一番むずかしいのが「スイングのつくり出し」と「手首のかえし」です。回転技の学習の前にその感覚を身につけさせましょう。

《関係するねこちゃん体操》
ねこちゃんがおこった
「ハーッ」（ひじの外旋）　　「フッ」（ひじの内旋）

《「後方ひざかけ回転」にどう関係するか》
スイングのつくり出し（ハーッ）　　手首のかえし（フッ）

【ステップ1】お話鉄棒「つばめさんがおちた」で感覚づくり

つばめさんがピョン　つばめさんがピョン　つばめさんがピョン　で、ピーン　ぐるっとまわって　どし〜ん

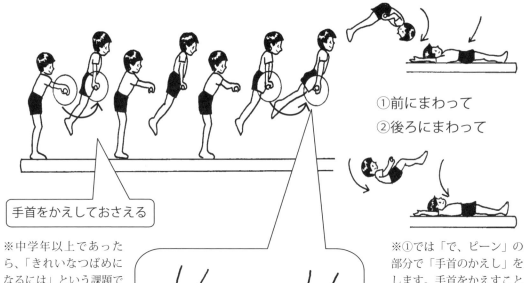

①前にまわって
②後ろにまわって

手首をかえしておさえる

手首のおさえ　→　手首のかえし

※中学年以上であったら、「きれいなつばめになるには」という課題で学習します。きちんとした「つばめ姿勢」は腕支持系の技の基本です。
　右図のように「手首のかえし」と「手首のおさえ」が大切だということを確認して、それができるように練習します。

※①では「で、ピーン」の部分で「手首のかえし」をします。手首をかえすことによって前にまわりはじめます。
※②では手首のかえしは、いりません。大の字に落ちることができるようになると、後方回転ができるようになります。

第2章 ねこちゃん体操と、鉄棒運動

【ステップ2】「ひざかけふり」でスイングのタイミングをつかもう

ひじをのばし、足を鉄棒に引き寄せる。　「フッ」の要領で腕をまげ、足をふりさげる。　ふりもどる動きを利用して足を鉄棒に引き寄せる。　だんだんスイングを大きくする。

【ステップ3】「ひざかけあがり」やってみよう

ひじをのばし、足を鉄棒に引き寄せる。　鉄棒に引き寄せた足を勢いよくふりさげる。　「フッ」の要領で腕をまげ、鉄棒に乗りあがる。　ひじの内旋を利用して手首をかえし乗りあがったら鉄棒を腿にずらして、手首を押さえる。

【ステップ4】「ひざかけ後ろあがり」やってみよう

鉄棒から足をふりはなす。　「ハッ」の要領であごをあげひじを外旋させてのばし足を鉄棒に引き寄せる。　「フッ」の要領であごをもどしひじを内旋させて腕をまげ、手首をかえしておさえる。　鉄棒に乗りあがったら鉄棒を腿にずらして手首をおさえる。

 よくできない子へのワンポイントアドバイス

※補助の仕方（ステップ3）わきの下を支える。無理におしあげずに軽く支える。　※足をついた状態からタイミング練習をしてみましょう。（ステップ4）

片足をかけて立つ。　「ハッ」の要領であごをあげ、ひじを外旋させる。　足を鉄棒にひきよせる。　「フッ」の要領であごをもどし、ひじを内旋させ手首をかえしておさえる。

10 ひざかけ回転（後方ひざかけ回転）は鉄棒運動の基礎技だ！

2年生〜

後方ひざかけ回転

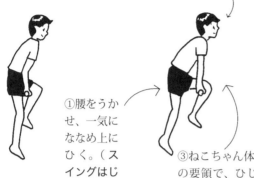

①腰をうかせ、一気にななめ上にひく。（スイングはじめの姿勢）

②ななめ上を見て、あごをあげ頭をおこす。

③ねこちゃん体操の「ハッ」の要領で、ひじを「外旋」させ腕をのばす。

（スイング中間の姿勢）
④ひざ裏に鉄棒を押しつけるようにして鉄棒から遠くたもつ。

⑤視線を上にあげ、頭の反らしをたもつ。

⑥足を鉄棒に引きよせる。（数字の「4」の字のイメージ）

ねこちゃん体操の体幹コントロール（上級）
「ハーッ、フッ」「アンテナさんのようい」の動作から

＝E：頭の「入れ・起こし」、D：肘の「内旋・外旋」、B：「波動」型あふり動作

※「フーッ、ハッ」を「ハーッ、フッ」にお友だちに、ひじをまわしてもらいましょう。

「外旋」＝ひじを外側に旋回／「内旋」＝内側に旋回

※「アンテナさんのようい」から片足をのばした後転の練習をしましょう。

「スイング」「手首のかえし」がうまくできないポイント

※こんな形では、うまくいきません。

《スイングはじめの姿勢》
①あごがひけている。
②腕がまがっている。
③腰がさがっている。
④背中が丸まっている。
⑤足がまがっている。
※後ろにまわることに慣れていない。

《スイング後半の姿勢（手首のかえしとおさえ）》
①あごがあがっていて頭がおきている。
②ひじが外旋し、腕が伸びている。
※①②が原因で手首がかえっていない。
③足先が鉄棒をこえていない。

第2章　ねこちゃん体操と、鉄棒運動

ひざかけ回転は鉄棒の基礎技だ

鉄棒運動は、①頸反射作用（頭の入れ、おこし）による②スイングのしかた③「あふり」のタイミング④手首のかえしとおさえの4点がそのポイントです。この4点を観察、練習することによって習得しやすく、高度な技に発展させられる「ひざかけ回転」は基礎技といえます。

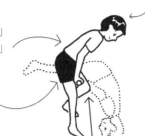

（スイング後半の姿勢）
⑧ねこちゃん体操の「フッ」の要領で、ひじを「内旋」させ、腕を軽くまげる。

⑩ななめ下を見て、あごをもどし、「フッ」の要領で背中を軽くまげて腰をひきあげる。

⑦ななめ下を見て、あごをひき、頭を水平にもどす。

⑨ひじを「内旋」させ、腕を軽くまげることによって、手首をかえす。

 よくできない子へのワンポイントアドバイス

《スイングがうまくできない子の自主練習》

①ついていた足で軽くジャンプする。　②頭をそらし、腕をのばして足を鉄棒に引き寄せる。　③腕を軽くまげ、さらに足を鉄棒に引き寄せる。

《手首のかえしができなくて上にあがれない子への補助》

※どうしてもできない子のための補助です。基本的には前ページにあるようにグループで補助し合います。

※この練習は、ひざかけ後ろあがりの練習にもなります。

※腕の関節に手をそえてスイングに勢いをつけさせるとともに、あがるときに力を加えて強制的にひじを内旋させて腕をまげて手首をかえす。

 発展、「調子よく3回以上連続させよう」

3回以上連続させられるということは、1つひとつの技が確実にできているということです。

《後方ひざかけ回転の連続テクニック》

※中間の姿勢では腕をのばして、首をおこしていますが、あがる寸前にあごを軽くひき、腕を軽くまげて手首をかえします。これを調子よく連続させます。

《教具の工夫》

※鉄棒経験の少ない子どもにとって、ひざかけ回転は、とても「いたい」技です。ひざ裏の保護に、下のような工夫が有効です。

2cm幅のゴムひも　古いくつ下　ぞうきんを巻きつける

ぞうきん　こちらを使う　回転の方向にまるめる

117

【授業のめあて】「後方ひざかけ回転」の研究をしよう。

みんなの「後方ひざかけ回転」のレベルを調査しましょう。
レベルにあった練習方法で「みんなでみんながじょうずになる」ように練習しましょう。

	授業の流れ（中・高学年）
導入 7分	1．準備運動をする。 ❶ねこちゃん体操をする。 2．グループで、「後方ひざかけ回転」に必要なねこちゃん体操の動き（上級編）を練習する。 ❷「ハーッ、フッ」のリズムでひじの「外旋・内旋」の練習をする。 ※難しいので、ペアになって補助し合う。
全体学習 10分	3．「後方ひざかけ回転」の形態ポイントを研究する。 ❸見本の「後方ひざかけ回転」を見て形態ポイントを研究する。 （あらかじめ、上手な子の演技をビデオに録り、①～⑩のポイントを確認する） 《スイングはじめの姿勢》　《スイング中間の姿勢》　《スイング後半の姿勢》 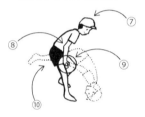
グループ学習 16分	4．グループで個人のレベルを調査し、うまくいっていないところの練習をする。 （次の時間も、その習熟練習にあてる） ❹次ページ学習カード【「後方ひざかけ回転」やってみよう！】を確認し、練習する。 （グループでそれぞれのポイントができているか確認し、練習する） 《スイングがうまくできない場合の練習》　《上にあがれない子を補助し合おう》  ※前ページワンポイントアドバイス参照
まとめ 10分	5．まとめをする。 ❺各グループ一斉に演技して、現在のレベルを発表する。 ❻わかったことを出し合う。（よかったことを発表し、どんなところがよかったか、まとめる） 《後方ひざかけ回転のポイントについて》 ・腰かけた状態から、スイングをはじめる形態ポイント「ハッ」でひじを外旋させる。 ・上がるときには、「フッ」の要領で頭を入れひじを内旋させて手首をかえす。 ❼学習カードに今日の成果を書き込む。

第2章 ねこちゃん体操と、鉄棒運動

学習カード	「後方ひざかけ回転」やってみよう！（中・高学年用） （　　年　　組　　　　　　　　　　　　）

♡形態ポイントを見つけよう。（じょうずな人と自分をくらべてみよう）

《スイングはじめのしせい》　《スイング中間のしせい》　《スイング後半のしせい》

①こしは？ （自分は？）	④こしは？ （自分は？）	⑦頭は？ （自分は？）
②頭は？ （自分は？）	⑤頭は？ （自分は？）	⑧うでは？ （自分は？）
③うでは？ （自分は？）	⑥足は？ （自分は？）	⑨手首は？ （自分は？）
※一番大切なポイントは、①〜⑩の中でどこだと思いますか？		⑩こしは？ （自分は？）

今日の学習の感想を書きましょう。

今日の成果を確かめよう

感想（できたこと・わかったこと・学びあったこと）を書きましょう。

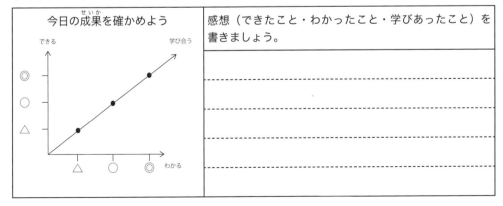

11 「前方ひざかけ回転」やってみよう！　2年生〜

「前方ひざかけ回転」は、順手（じゅんて）でもできますが、逆手（さかて）で行うことによって連続したスイングができます。逆手でのスイング感覚をつける学習には、大変有効な技といえます。

前方ひざかけ回転

①前を見て「ハッ」の要領でひじを外旋させ（のばす）ひざ裏に鉄棒を一気に引き寄せる。

②のばした足を鉄棒に引き寄せた姿勢をたもつ。

③「フッ」の要領であごをひき、ひじを内旋（まげる）、鉄棒に乗りあがって手首をかえす。

ねこちゃん体操の体幹コントロール（上級）
「フーッ、ハッ」の動作を鉄棒で
＝E：頭の入れ・おこし／ひじの外・内旋
※逆手での「手首のかえし・おさえ」

「フーッ」

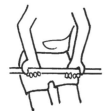

「ハッ」

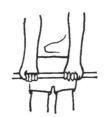

前方ひざかけ回転が　うまくできないポイント

※こんな形では、うまくいきません
《スイングはじめの姿勢》
①あごがひけている
②腕がまがっている。
③腰がさがっている。
④背中が丸まっている
⑤足がまがっている。

《スイング後半の姿勢》（手首のかえしとおさえ）
①あごがあがっていて頭がおきている。
②ひじが外旋していて腕がのびている。
※①②が原因で手首がかえっていない。
③腰が鉄棒より上にあがっていない。

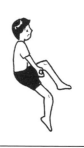

第2章 ねこちゃん体操と、鉄棒運動

《用語解説》「順手・逆手・片逆手・交差（クロス）・その他」（鉄棒のにぎり方）

【順手】	【逆手】	【片逆手】	【交差（クロス）】	【その他（さる手）】
				（親指をかけない）

【ステップ1】逆手で「とびあがり・とびおり」やってみよう。

つばめさんがピョン　つばめさんがピョン　つばめさんがピョン　で、ピーン　グルッとまわって　どし〜ん

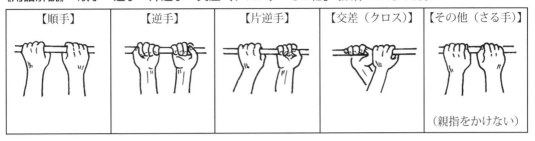

　　　　　　　　　　　3回とびあがる　　　前を見て手首をかえし体を反らす　　反らしたまま大きくまわって落ちる

【ステップ2】逆手で「ひざかけあがり」やってみよう。

ひじをのばし、足を鉄棒に引き寄せる。	鉄棒に引き寄せた足を勢いよくふりさげる。	「フッ」の要領で腕をまげ、鉄棒に乗りあがる。	ひじの内旋を利用して手首をかえし、乗りあがったら鉄棒を腿にずらして、手首を押さえる。

発展技、「振り出しひざかけあがり」（これはかなりむずかしい）

※高学年（4年生以上）になったら、挑戦してみましょう。

少し後ろにかまえる。　｜　後ろの足を前にふり出しステップする。さらに前の足をふり出しステップ。　｜　前の足のステップの反動で後ろの足を一気に鉄棒に引き寄せくぐらせる。　｜　後ろの足を深く入れてひざをかける。　｜　のびている足をふりおろしその反動で乗りあがる。手首をかえしておさえる。

121

12 「さかあがり」（あがる技は、むずかしい）　全学年

巻きつけ型さかあがり

| 腕が軽くまがる位置に立つ。逆手の方がしめがしやすい。 | 脇をしめて腕で鉄棒にひきよせながら、鉄棒より少し前にすばやくふみこむ。 | 腰が鉄棒より前に出たらふみこんだ足を支えにして後ろの足を強くふりあげる。（腰の位置が大切） | ふりあげ動作に合わせふみこんだ足で地面をけって体を鉄棒に巻きつける。（あごをしめる） | 腰が鉄棒にかかったら、あごをかえし、足をふりおろしながら上体をおこし、支持姿勢になる。 |

ねこちゃん体操の体幹コントロール（中・上級）
「アンテナさんのようい」と「しゃくとり虫こんにちは」から
＝C：体の「しめ」、A：あふり動作

「さかあがり」がうまくできないポイント

※アンテナさんのようい（中級編）

体の「しめ」を意識する＝ひざをまげない
あふり動作を意識する＝すばやく足をあげる

※しゃくとり虫「こんにちは」（上級編）

「体のしめ方」＝力の入れ方
「あふり動作」＝動作のタイミング

※こんな形では、うまくいきません。

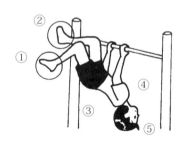

①「ふみきり足」が、②の「ふりあげ足」をこえていない。
②の「ふりあげ足」が鉄棒をこえていない。
③あごがあがっているため（⑤）、背中が反ってしまっている。
④腕がのびている。
⑤あごがあがっている。
※特に②がポイントです。こえるようになるとさかあがりができるようになります。

第2章　ねこちゃん体操と、鉄棒運動

| さかあがりは 2種類ある | 「さかあがり」には、腰の引きあげと同時に体を鉄棒に引き寄せて巻きつける「巻きつけ型」と足をふりあげ、おなかを鉄棒に引きつける「ふりだし型」があります。巻きつけ型は逆手で行うとうまくいきます。順手で行う「ふりだし型」の方が発展性があります。 |

ふりだし型さかあがり

| 巻きつけ型より少し後ろに立ち、順手で鉄棒をにぎる。 | 後ろの足を前にふりこみ前の足を強くふりあげる。同時にふみこんだ後ろ足で強く地面をける。 | 腕をのばしたまま頭をおこし、開いていた腕と体の角度を一気にせばめて腹を鉄棒に引き寄せる。 | あごをひいて頭をもどし体を鉄棒に巻きつけたら後ろの足をふりおろすと同時に頭をおこす。 | 手首をかえしておさえ、支持姿勢になる。 |

 よくできない子へのワンポイントアドバイス①

《巻きつけがうまくできない》
「アンテナさんのようい」を鉄棒でやってみよう。

《お友だちに感覚を養ってもらおう》
※これも、腰を前に出すことと、体の巻きつけに有効な練習方法です。

※だんだんマットを低くしていきます。

 よくできない子へのワンポイントアドバイス②

《できる・できないは、「腰の位置」がポイントだ》

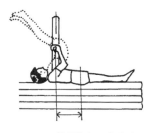

※この位置ならできる！　　※この位置だとできない！

《教具の工夫》
※実は、さかあがり練習器は腰を前に出させるための工夫なのだ。

123

【授業のめあて】「さかあがり」の研究をしよう。

「さかあがり」ができるためには、どんなことに注意すればよいのか研究しましょう。
友だちの動きや形を観察し、さかあがりのポイントを学習しましょう。
「みんなでみんながじょうずになる」ように練習しましょう。

	授業の流れ（中・高学年）
導入 7分	1. 準備運動をする。 ❶ねこちゃん体操をする。 2. グループで、「さかあがり」に必要なねこちゃん体操の動き（中級編）を練習する。 ❷「アンテナさんのようい」を「体のしめ」と「あふり動作」を意識したものに発展させる。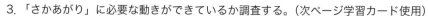
グループ学習 16分	3.「さかあがり」に必要な動きができているか調査する。（次ページ学習カード使用） ❸【ステップ1】「アンテナさんがコロリン」　　【ステップ2】「つばめさんが後ろへ落ちた」  4.「さかあがり」のポイントを研究する。 ❹「さかあがり」ができるための「腰の位置」「できない腰の位置」でさかあがりをすると、できる子でもさかあがりができないことがわかる。 ❺みんなで試してみる。 《できる腰の位置》　《できない腰の位置》　《マットを減らす》 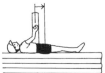 グループ全員ができるようになったら、マットの枚数を少しずつ減らして習熟練習をする。
全体学習 10分	❻見本の「巻きつけ型さかあがり」を見てポイントを研究する。 《できないポイント》　　　　　　　《できるポイント》 ①ふみきり足が②のふりあげ足をこえていない。 ②ふりあげ足が鉄棒をこえていない。 ③背中が反っている。 ④腕がのびている。 ⑤あごがあがっている。 　　　　　　　　　　①ふみきり足が②のふりあげ足をこえている。 ②ふりあげ足が鉄棒をこえている。 ③背中が丸まっている。 ④腕がまがっている。 ⑤あごがしまっている。 ❼マットなしで「巻きつけ型さかあがり」をやってみる。 まだできない子の「最初の立ち位置」「腰の位置」「頭の入れ、おこしとしめ」「ふみきり足の処理」などをできる子とくらべ、弱いところを改善するための方法をみんなで考え、次回に試してみる。 （見通しをもった子どもたちは、自主的に練習し、できるようになっていきます）
まとめ 10分	5. まとめをする。 ❽各グループが発見したポイントを発表し、実際にやってみる。 ❾まだできない子の改善のための方法をみんなで考える。 ※グループで相談し、学習カードにアイデアを書き込む。 ❿学習カードに今日の成果を書き込む。

| 学習カード | 「さかあがり」を研究しよう！（中・高学年用）
（　　年　　組　　　　　　　　　　　　） |

♡「さかあがり」に必要な感覚や動きを身につけよう。
（◎○△をつけましょう）

【ステップ１】アンテナさんがコロリン　　【ステップ２】つばめさんがうしろへおちた

★すばやく後転ができましたか？（　　）　　★こしが鉄棒より前にいきましたか？（　　）

♡「さかあがり」の研究をしよう。（わかったことを書きこみましょう）

【ステップ３】こしの位置を研究しよう。

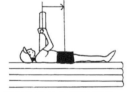 

①こしを少し前にだす。　②こしをあまり前にださない。

★①と②では、どちらの方がうまくいきましたか？
また、どのくらいの位置がやりやすいですか？

♡じょうずになるためにどんな工夫をするか考えましょう。（グループの考えをかきこむ）

※できるようになったら、少しずつマットをへらして練習しましょう。

今日の学習の感想を書きましょう。

今日の成果を確かめよう

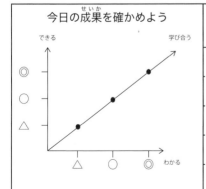

感想（できたこと・わかったこと・学びあったこと）を書きましょう。

13 ひざかけ回転を発展させよう①「両ひざかけ後転」 4年生〜

両ひざかけ後転

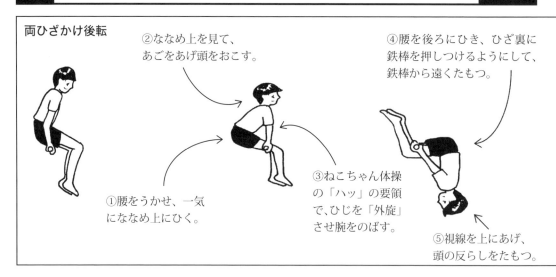

①腰をうかせ、一気にななめ上にひく。
②ななめ上を見て、あごをあげ頭をおこす。
③ねこちゃん体操の「ハッ」の要領で、ひじを「外旋」させ腕をのばす。
④腰を後ろにひき、ひざ裏に鉄棒を押しつけるようにして、鉄棒から遠くたもつ。
⑤視線を上にあげ、頭の反らしをたもつ。

ねこちゃん体操の体幹コントロール（上級）
「フッ、ハッ」を鉄棒でやってみよう。
＝E：頭の入れ・おこし／ひじの外・内旋

※ひざかけふりで「フッ、ハッ」

①ひじをのばし、足を鉄棒にひきよせておく。
②「フッ」の要領でひじをまげ、足をふりおろす。
③「ハッ」の要領でひじをのばし、足を鉄棒にひきよせる。
（②③をくりかえし、スイングを大きくする）

※両ひざかけふりで「フッ、ハッ」

「スイング」「手首のかえし」が
うまくできないポイント

※こんな形では、うまくいきません。
《スイングはじめの姿勢》
①あごがひけている。
②腕がまがっている。
③腰がさがっている。
④背中が丸まっている。

※後ろにまわることに慣れていない。

《スイング後半の姿勢（手首のかえしとおさえ）》
①あごがあがっていて頭がおきている。
②ひじが外旋し、腕が伸びている。
※①②が原因で手首がかえっていない。
③腰が鉄棒の向こう側に引きあがっていない。

※落ちる危険がある。

第2章 ねこちゃん体操と、鉄棒運動

両ひざかけ後転で鉄棒が大好き

両ひざかけ後転は、鉄棒運動の最大ポイントであるスイングの仕方と手首のかえし・おさえがタイミングよくできないとできるようになりません。できるようになると、子どもたちは鉄棒が大好きになり、自分で高度な技に発展させられるようになります。

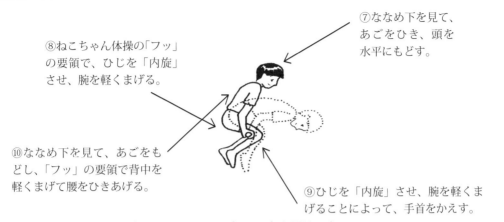

⑦ななめ下を見て、あごをひき、頭を水平にもどす。

⑧ねこちゃん体操の「フッ」の要領で、ひじを「内旋」させ、腕を軽くまげる。

⑩ななめ下を見て、あごをもどし、「フッ」の要領で背中を軽くまげて腰をひきあげる。

⑨ひじを「内旋」させ、腕を軽くまげることによって、手首をかえす。

※実は、両ひざかけ後転のポイントは、後方ひざかけ回転と同じです。

 よくできない子へのワンポイントアドバイス

《スイングがうまくできない》
※おりる技（後方両ひざかけおり）で後ろにまわる感覚を。

①あごをあげ、一気にひざ裏を鉄棒に巻きつけ　②マットが見えたら手をはなし、着地する。

《手首のかえしができなくて上にあがれない》

※一方の手でひざをおして鉄棒につけ、他方の手を腕の関節にそえてスイングに勢いをつけさせるとともに、あがるときに力を加えて強制的にひじを内旋させて腕をまげ、手首をかえす。

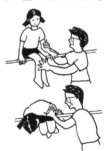

※まわりきれずにもどると落ちる危険があるので手をそえておく。

 発展、「後方ひざかけ回転から両ひざかけ後転」を連続させる。

両ひざかけ後転が3回以上連続させられるようになったら、後転が鉄棒の上で一瞬止まる時を利用して技を切り替えて連続させてみよう。（両ひざ➡片ひざ、片ひざ➡両ひざ）

《ひざかけ後転の連続切り替え》※両ひざ➡片ひざの方が容易にできるので、そちらを先に練習。

①ひざかけ後ろあがり　②ひざかけ後転2回転後　③鉄棒上で技が一瞬止まった時のばした足を胸に引きつけ　④両ひざかけ後転に変換。2回転後　⑤後方ひざかけおり

【授業のめあて】「両ひざかけ後転」の研究をしよう。
みんなの「両ひざかけ後転」のレベルを調査しましょう。
レベルにあった練習方法で「みんなでみんながじょうずになる」ように練習しましょう。

	授業の流れ（中・高学年）
導入 7分	1. 準備運動をする。 ❶ねこちゃん体操をする。 2. グループで、「両ひざかけ後転」に必要なねこちゃん体操の動きを鉄棒で練習する。 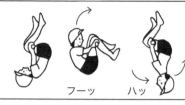
全体学習 10分	3.「後方ひざかけ回転」の形態ポイントを研究する。 ❷見本の「後方ひざかけ回転」を見て形態ポイントを研究する。 （あらかじめ、上手な子の演技をビデオに録り、①〜⑩のポイントを確認する） 《スイングはじめのしせい》　《スイング中間のしせい》　《スイング後半のしせい》 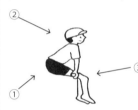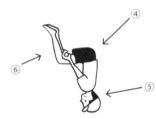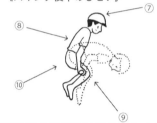
グループ学習 16分	4. グループで個人のレベルを調査し、うまくいっていないところの練習をする。 （次の時間も、その習熟練習にあてる） ❸次ページ学習カード【「両ひざかけ後転」やってみよう！】を確認し、練習する。 （グループでそれぞれのポイントができているか確認し、練習する） 《スイングがうまくできない場合の練習》　　《上にあがれない子を補助し合おう》 ①ひざかけふりでスイングの感覚をつけよう。  ②両ひざかけふりをたくさん練習しよう。
まとめ 10分	5. まとめをする。 ❹各グループ一斉に演技して、現在のレベルを発表する。 ❺わかったことを出し合う。（よかったことを発表し、どんなところがよかったか、まとめる） 《両ひざかけ後転のポイントについて》 ・腰かけた状態から、スイングをはじめる形態ポイント「ハッ」でひじを外旋させる。 ・あがるときには、「フッ」の要領で頭を入れひじを内旋させて手首をかえす。 ❻学習カードに今日の成果を書き込む。

第2章 ねこちゃん体操と、鉄棒運動

学習カード	「両ひざかけ後転」やってみよう！（中・高学年用） （　　年　　組　　　　　　　　　　）

♡形態ポイントを見つけよう。（じょうずな人と自分をくらべてみよう）

《スイングはじめのしせい》　《スイング中間のしせい》　《スイング後半のしせい》

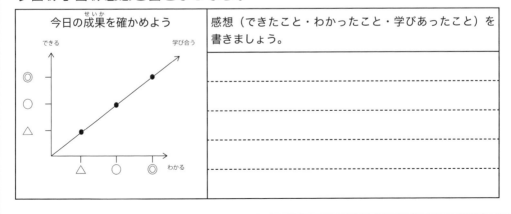

①こしは？ （自分は？）	④こしは？ （自分は？）	⑦頭は？ （自分は？）
②頭は？ （自分は？）	⑤頭は？ （自分は？）	⑧うでは？ （自分は？）
③うでは？ （自分は？）	⑥足は？ （自分は？）	⑨手首は？ （自分は？）
※一番大切なポイントは、①〜⑩の中でどこだと思いますか？		⑩こしは？ （自分は？）

今日の学習の感想を書きましょう。

今日の成果を確かめよう

できる　　　　　　　学び合う
◎
○
△
　　△　○　◎　わかる

感想（できたこと・わかったこと・学びあったこと）を書きましょう。

14 ひざかけ回転を発展させよう②「両ひざかけ前転」 4年生〜

「両ひざかけ前転」は、逆手（さかて）で行います。逆手での「手首のかえし」は順手よりむずかしいのですが、この後、前方支持回転（順手）に発展させた時大変有効です。回転に入る姿勢や鉄棒に乗りあがる動きの感覚づくりにも役立ちます。

両ひざかけ前転

①スイングはじめの姿勢　　②スイング中間の姿勢　　③スイング後半の姿勢

①前を見て「ハッ」の要領でひじを外旋させ（のばす）ひざ裏に鉄棒を一気に引き寄せる。

②ひじを外旋させ、腕をのばし背中ものばした姿勢をたもつ。（次の「あふり動作」のため）

③「フッ」の要領であごをひき、外旋させていたひじを一気に内旋、腕を軽くまげて鉄棒に乗りあがり手首をかえしておさえる。

ねこちゃん体操の体幹コントロール（上級）
「ハッ、フッ」の動作を鉄棒で
＝Ｅ：頭の入れ・おこし／ひじの外・内旋
※逆手で「ひざかけふり」やってみよう

※逆手で「ひざかけふり」やってみよう。

①鉄棒を逆手でもち、鉄棒を見て「フッ」の要領であごをしめ腕をまげ（内旋）た姿勢をとる。
②「ハッ」の要領であごをあげ、腕をのばして（外旋）スイングする。
③鉄棒を見て、あごをしめ、腕を軽くまげて（内旋）鉄棒をひきよせる。
※①〜③をくりかえし、スイングを大きくする。

両ひざかけ前転が**うまくできないポイント**

※スイングの仕方がうまくできない。

①スイングはじめ　　②スイング中間から後半

○あごがひけている。
○腕がまがっている。
○背中が丸まっている。
※このため、スイングの勢いがつかない。

○スイング中間の姿勢から腕がまがっているので、のばしている腕を一気にまげる「あふり」ができないため、後半、鉄棒に乗りあがることができない。

第2章 ねこちゃん体操と、鉄棒運動

【ステップ1】逆手で「つばめさんがおちた」やってみよう。

①つばめさんがピョン ②つばめさんがピョン ③つばめさんがピョン、で、ピーン ④ぐるっと回って ⑤どし〜ん

※「つばめさんがピョン」で逆手の「手首のかえし・おさえ」の感覚づくり

《かまえかた》
・ひじが軽くまがる程度の高さの鉄棒（次第に高い鉄棒で）
・親指をかけて軽くにぎる。
・手首も軽くまげてにぎる。

《とびあがり方》
・手首をかえしながら
・内旋（まがっていた）ひじを、外旋（のば）して
・鉄棒をおさえる。

《手首のかえし・おさえ》

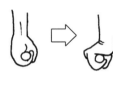

【ステップ2】逆手で「ひざかけあがり」やってみよう。

ひじをのばし、足を鉄棒に引き寄せる。　鉄棒に引き寄せた足を勢いよくふりさげる。　「フッ」の要領で腕をまげ、鉄棒に乗りあがる。　ひじの内旋を利用して手首をかえし乗りあがったら鉄棒を腿にずらして、手首を押さえる。

発展技「浮き腰前転やってみよう」（これはかなりむずかしい）

※足をのばし、浮き腰（鉄棒に足をつけない）でまわる技です。

前方に落ちながら、足をのばしてフッの要領で前屈、鉄棒から浮く。　深く前屈し、体をしめ浮き腰をたもつ。（鉄棒の位置に注意）　浮きあがったら腕を後ろにひき前に体を抜いて「はね」て体を反らし着地する。

15 「後方支持回転」(うしろまわり)で中鉄棒へ　　4年生〜

後方支持回転(うしろまわり)

①「ため」の姿勢をつくる。

「フーッ」の姿勢をとり、ひじを内旋させ「はねる」ための「ため」をつくる。

②ふりあげて体を反らす。

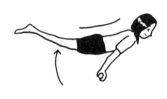

ひじを外旋させ(腕をのばし)尺取り虫の「あふり動作」で体を反らす。

③後ろに倒れこむ。

「フッ」の要領であごをしめ、反らせていた体をあふってまげ、後ろに倒れこむ。

ねこちゃん体操の体幹コントロール(上級)
「フッ、ハッ」「しゃくとり虫」「アンテナさんのようい」

= E:頭の入れ・おこし／ひじの内・外旋
A:「あふり動作」、H:「ため」、C:「しめ」

※「後方支持回転」の体幹コントロール技術
E・C:ねこちゃんがおこった「フーッ、ハッ」(上級)

ひじの内旋外旋が必要です。

A・H・C:尺取虫さん「こんにちは」(上級)

あふり動作に必要な腰の上下感覚を養います。

A:アンテナさんの「ようい」(中級)

体を鉄棒に巻きつけるためのあふり動作です。

「スイング」がうまくできないポイント

③の「後ろに倒れこむ」動作ができない。

後ろに倒れこむ動作がこわいためあごを引いてしまう。

④の「腰を引きよせる」動作ができない。

反っていた体を一気にくの字にまげる「あふり動作」ができない。

⑤の「手首のかえし」動作ができない。

手首のかえしができないため体をおこせない。

第2章 ねこちゃん体操と、鉄棒運動

後方支持回転は高鉄棒への登竜門

後方支持回転の「あふり」という動作は、スイング時の体を反らした状態から胸をしぼって体を「く」の字にまげる操作をいいます。この「あふり動作」は、この後、大ぶりさかあがりや後方浮き支持回転、大車輪など高度な技に発展させられます。

④腰を鉄棒に引き寄せる。

③に引き続き、反っていた体を「あふり動作」で体をくの字にまげて腰を鉄棒に引き寄せる。

⑤手首をかえす。

腕を内旋（まげて）させ、ひじをゆるめるようにして手首をかえす。

⑥体をおこし、反らせる。

手首をかえしてから体を反らし、手首をおさえる。（連続させる体勢をつくる）

 よくできない子へのワンポイントアドバイス

《③後ろへの倒れこみの感覚づくり》
※さるも木からおちる…なるべく鉄棒より遠くおちる。

《効果的な教具の工夫》
後方支持回転は、左の③④のポイントが一番難しいので、てぬぐいを利用して腰が鉄棒からはなれないようにして「あふり動作」の練習をしましょう。

《④腰を鉄棒に引き寄せる感覚づくり》
※鉄棒で「アンテナさんのようい」をする。

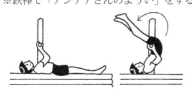

 発展、「後方浮き支持回転（通称：ともえ）」やってみよう。

「巴（ともえ）」という技は、回転時に鉄棒にさわらないため車輪の一種と考えられます。

①ためをつくる　②ふりあげて体を反る　③後ろに倒れこむ　④腿を鉄棒に引き寄せる　⑤手首をかえす

後方支持回転よりも浮かせる。　強くあふり、鉄棒に接しないように「腿」を引き寄せる。　すばやく手首をかえす。

【授業のめあて】「後方支持回転」の研究をしよう。

みんなの「後方支持回転」のレベルを調査しましょう。
レベルにあった練習方法で「みんなでじょうずになる」ように練習しましょう。

	授業の流れ（中・高学年）
導入 7分	1. 準備運動をする。 ❶ねこちゃん体操（上級）をする。 2. グループで、「後方支持回転」に必要なねこちゃん体操の練習 ❷内・外旋を意識して「フーッ、ハッ」 ❸尺取虫さんこんにちは ❹アンテナさんのよい 尺取虫さ〜ん　こんにちは  ※最初の構えで、肩が手の鉛直上にくるようにする。
全体学習 10分	3. 「後方支持回転」の形態ポイントを研究する。 ❺見本の「後方支持回転」を見て形態ポイント、動作ポイントを研究する。 ※あらかじめ、上手な子の演技をビデオに録り、特に前ページ③④のポイントを確認する。 ③倒れこみ　　④腰の引き寄せ
グループ学習 16分	4. グループで個人のレベルを調査し、うまくいっていないところの練習をする。 ❻グループで次ページ学習カード【「後方支持回転」やってみよう！】を確認し、練習する。 【ポイント①・②】　「ため」姿勢からのふりあげができますか？　《うまくできない人の練習方法》 ※つばめ姿勢からの「ふり出し後ろおり」 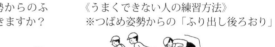 【ポイント③・④】　後ろへの倒れこみからあふり動作ができますか？　《うまくできない人の練習方法》 ※後ろ倒れこみおち（さるも木からおちる）  【ポイント⑤・⑥】　手首をかえして体をおこすことができますか？　《うまくできない人の練習方法》 ※さるが木からもどってくる 
まとめ 10分	5. まとめをする。 ❼各グループ一斉に演技して、現在のレベルを発表する。 ❽わかったことを出し合う。（よかったことを発表し、どんなところがよかったか、まとめる） 《後方支持回転のポイントについて》※特にポイント③・④について ❾学習カードに今日の成果を書き込む。

第2章 ねこちゃん体操と、鉄棒運動

| 学習カード | 後方支持回転(うしろまわり)やってみよう！
(　年　　組　　　　　　　　　　) |

♡ 後方支持回転をチェックして、弱いところを練習しよう。
( )の中に◎○△をつける。

今日の学習の感想を書きましょう。

今日の成果を確かめよう

感想（できたこと・わかったこと・学びあったこと）を書きましょう。

16　「前方支持回転（まえまわり）」は「たまごまわり」から　2年生～

「前方支持回転」は、「たまごまわり（ダルマまわり）」から発展させるとよいでしょう。「たまごまわり」は、鉄棒をにぎらずに行いますので、「手首のかえしとおさえ」がいらず、前方支持回転に必要な「スイング感覚」を養うことができます。

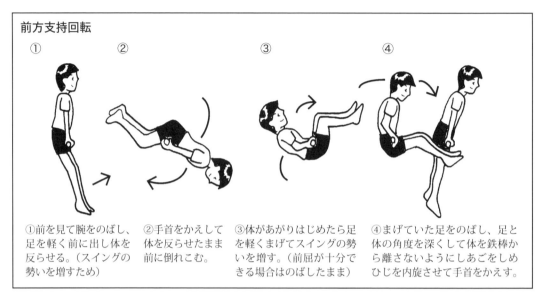

前方支持回転

①前を見て腕をのばし、足を軽く前に出し体を反らせる。（スイングの勢いを増すため）
②手首をかえして体を反らせたまま前に倒れこむ。
③体があがりはじめたら足を軽くまげてスイングの勢いを増す。（前屈が十分できる場合はのばしたまま）
④まげていた足をのばし、足と体の角度を深くして体を鉄棒から離さないようにしあごをしめひじを内旋させて手首をかえす。

ねこちゃん体操の体幹コントロール（上級）
「ハッ、フッ」の動作を鉄棒で
＝E：頭の入れ・おこし／ひじの外・内旋
※手首の動きに注意して「つばめがおちた」

前方支持回転が**うまくできないポイント**

※手首のかえしとおさえを意識して「とびあがり」

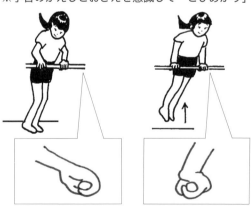

「フッ」でひじを内旋、手首をゆるめ、
「ハッ」で外旋、手首をかえしておさえる。

※スイングの仕方がうまくできない。

①体がはじめから前に倒れかかっている。
②腕がまがっている。
③あごがしまったまま（下を向いて）スイングをはじめている。
④足と体の角度がスイングが進行するにしたがって開いてしまっている。

第2章 ねこちゃん体操と、鉄棒運動

【ステップ1】外旋・内旋と手首に注意して「つばめがおちた」やってみよう。

①つばめさんが
ピョン（外旋）

②つばめさんが   ③つばめさんがピョン、で
ピョン（外旋）   ピーン（外旋／手首のおさえ）

④ぐるっとまわって
（内旋／手首のかえし）

⑤どし〜ん

【ステップ2】「ふとんほしブラブラ」やってみよう。

①おふとんほすよ〜　②それっあしもって　③ブ〜ラ　　ブ〜ラ　　ブ〜ラ

【ステップ3】「ふとんほしまわり」やってみよう。

①「ふとんほしうしろまわり」（こちらの方が簡単）　　　②「ふとんほしまえあがり」

※「ふとんほしブラブラ」で3回目のスイングで頭を反らし、
　足をのばしながら鉄棒の向こう側にもっていく。

※3回目のスイングで足をまげ、あごを一気に引い
　て背中を丸め、鉄棒にのりあがる。

【ステップ4】「たまごまわり」やってみよう。（できるようになったらうしろまわり）

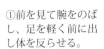

①前を見て腕をのば　②手首をかえして体を反　③体があがりはじめた　④まげていた足をのばし、あご
し、足を軽く前に出　らせたまま前に倒れこみ　ら足を軽くまげてスイ　をしめ足のばして足と体の角度
し体を反らせる。　　とちゅうで足をかかえる。　ングの勢いを増す。　を深くし、鉄棒にのりあがる。

【ステップ5】「前方支持回転（まえまわり）」やってみよう。

※前ページ①〜④のポイントに注意して「前方支持回転（まえまわり）」に挑戦してみましょう。
※「前方支持回転」の最大のポイントは「手首のかえしとおさえ」です。鉄棒は「軽くにぎる」
ことが大切です。（上手になると、鉄棒をにぎらない「さる手」でもできるようになります）

17 マニアックな超むずかしい技にチャレンジ　　4年生〜

「マニアックな超むずかしい技」という表題をつけましたが、今までの学習で鉄棒運動に必要な体幹コントロールを身につけ、「スリルがあるからおもしろい」と感じられるようになったら、その技の習得も決して不可能ではありません。ただし、危険を伴うものもありますので、安全には十分配慮が必要です。

【チャレンジ1】こうもりまわり
※「こうもりふりおり」「両ひざかけ後転」が上手になったらチャレンジ！（危険を伴うので注意）

①両ひざかけ後転（2回転後）　　②こうもりまわり（2回転後）　　③こうもりおり

①確実に鉄棒にひざをひきつける（そのために2回転して安定させる）

②鉄棒上で停止した瞬間、手をはなし、「ハッ」の要領であごをあげ、スイングの半分をすぎたら「フッ」の要領であごをひき、鉄棒の上にすわるように腰をひく。（ひじを引きおしりをつきだす）

《ここからはじめよう》

❶鉄棒上で手をはなす練習

①鉄棒に腰かけた状態　②腰をひいてひざを鉄棒にひきつけて手をはなす。　③腰角を開き、エバーマットに倒れこむ。

❷再び鉄棒上にあがる練習

※手をはなしたままだと体とひざをひきよせるタイミングがわからないので、スイングが半分すぎたら鉄棒をつかみにいくようにする。

習熟していないと大変危険なので安全な工夫を！

【チャレンジ2】グライダーまわり（足裏支持回転）
※「両ひざかけ回転（かかとまわり）」「グライダーおり」が上手になったらチャレンジ！

①腕支持姿勢からとびあがり　　②グライダーまわり（2回転）　　③グライダーおり

①「フーッ、ハッ」の要領で体をはねあげ、足先で鉄棒にのる。）

②足をのばしてスイングをはじめ、スイング中間をすぎたら足を軽くまげてスピードをあげ鉄棒上にのる。2回転目は、かかとにずれていた鉄棒を足先に移動してはじめる。

第2章　ねこちゃん体操と、鉄棒運動

《ここからはじめよう》

❶「うしろはねあげのりグライダー」　　❷「両足かけ回転（かかとまわり）」

腕支持から体をはねあげて鉄棒上にのり、グライダーおりをする。

腰かけ姿勢から、足をのばして一気にかかとが鉄棒にかかるまで腰をひいてスイングをはじめる。

【チャレンジ3】中ぬきあがり

※「ふりだしひざかけあがり」「ももかけあがり」「浮き腰前転」が上手になったらチャレンジ！

足を軽く前後に開き、少し後ろにかまえる。

前足を先にふり出し、後ろ足、前足の順にスキップの要領でステップする。

ふりだした勢いで体を反らし、両足をそろえて「あふり動作」で体を「くの字」にまげる。

腕の中に足をぬきふりだした反動で動きがもどるのを利用して上にあがる。

足がぬけたら、ズボンをはくようにして、手を後ろにひく。

《ここからはじめよう》

❶ももかけあがり　　　　　　　　　　❷ふりだしの練習

ふれもどりの勢いを利用して足をすばやく入れ、脇をしめながら、できるだけ深く足を入れる。

左と同じ要領でふりだしたら、両足を鉄棒にかける練習をする。

【チャレンジ4】けあがり

※かなりむずかしいです。「ふりとび」「ももかけあがり」が上手になったらチャレンジ！

※足先を鉄棒ぎりぎりにもってくるのがポイント

腰をひいてかまえる。

スキップの要領で体を前にふりだし、両足をそろえる。

あふり動作で体を前屈して両足を鉄棒に近づける。

ズボンをはくようにして体をのばしながらすりあげる。

ひじを内旋させ腕を軽くまげてあごをしめ、手首をかえす。

139

《ここからはじめよう》

❶「ふりとび」の練習

腕が軽くまがる位置に立つ。（鉄棒を見て、あごをしめる）

軽くとびあがりあふって体をくの字にまげ、足先を鉄棒にひきよせる。

まがっていた体をあふってズボンをはくようにのばす。

❷「すりあげ」と「手首のかえしとおさえ」の練習

※上のような工夫をして、「すりあげ」と「手首のかえしとおさえ」をくりかえし練習する。

《さらに発展させよう》

❶ふりだしを高度なものに
※足で地面をけらずにスイングする。

❷高鉄棒での「けあがり」
※左ができるようになったら、いよいよ高鉄棒です。

【チャレンジ5】大車輪に挑戦だ！

《正車輪》「ともえ」「大ぶりさかあがり」が上手になったらチャレンジ！（初期段階指導法）

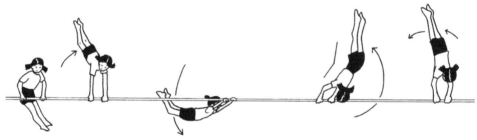

腕支持姿勢から軽く前屈してはねあげる。

鉄棒の真下にくるまで軽く体を反らしてスイングする。

スイング後半になったらあふって体を軽く前屈する。

腕を軽くまげ、手首をかえし鉄棒を見て手首をおさえ倒立。

《逆手車輪》「大ぶりあがり」「ふりあげ倒立」が上手になったらチャレンジ！（初期段階指導法）

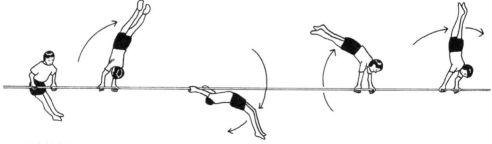

腕支持姿勢から深く前屈し、はねあげて倒立する。

鉄棒の真下にくるまで軽く体を反らしてスイングする。

スイング後半になったらあふって体を軽く前屈する。

腕を軽くまげ、手首をかえし鉄棒を見て手首をおさえ倒立。

第2章 ねこちゃん体操と、鉄棒運動

《ここからはじめよう》
❶「ともえ」の練習　※p133 －発展技「後方浮き支持回転（通称：ともえ）」参照
❷「ふりだしさかあがり」の練習　※p123 －「ふりだし型さかあがり」参照
❸「大ぶりさかあがり」の練習
①長懸垂スイングからさかあがりをする練習

※短懸垂と長懸垂の違い

低鉄棒の技はほとんど短懸垂。高鉄棒では長懸垂スイングが必要になる。大ぶりさかあがりでいよいよ高鉄棒デビュー。

| 力を入れて少し腕まげ、腹筋に力を入れて足を少しあげる。 | ハッの要領で体を反らし、フッの要領であふって足先を鉄棒にひきよせる。 | ひきよせた足先を前に投げ出し、大きくスイングする。 | 2回めのスイングでフッの要領であふり、さかあがりをする。 |

②「大ぶりさかあがり」にチャレンジ

　　※後方ふりあげおり　　　　　　　　※ふりだし大ぶりさかあがり

低鉄棒で腕支持体制から大きくふりあげて後方におりる練習をする。（なるべく高くふりあげる）

| 後方ふりあげおりの要領でスイングをはじめる。 | 中間をすぎたらあふる。 | 長懸垂からのさかあがりをする。 |

❹「棒上ふりあげ倒立」の練習
①寝ている状態から順手でふりあげ倒立の練習をする。

《Kちゃんの見事な正車輪》

| 体をくの字にまげて補助者が足をもつ。 | 補助者に足を引きあげられたら軽く腕をまげ、手首をかえし、倒立後鉄棒を見るようにして手首をおさえる。 |

②逆手でふりあげ倒立の練習をする。

《Sくんのらくらく逆手車輪》

| 腕支持体勢から前に乗り出すようにして | 前屈した体を大きくはねあげ、倒立する。 | 得意な方向に体をひねりながら、片手ずつはなす。 |

18 連続技やってみよう！（連続技は楽しいよ） 全学年

鉄棒運動の本当の楽しさは、1つの技ができることにとどまらず、できる技をつなげたり、工夫したりして連続技を創り、演技することです。低学年のうちから楽しく取り組みましょう。また、みんなで一緒に演技することも楽しいですよ。

【お話鉄棒】「お話鉄棒」を創ってみよう！
❶課題お話「こうもりさ〜ん　くるりん　パッ　ブ〜ラ　ブ〜ラ　ストン」
【足ぬきまわり→手つきこうもりふりおり】

こうもりさ〜ん　　くるりん　　パッ　　ブ〜ラ　　ブ〜ラ　　ストン

❷一部分を創作する。《地球まわりを入れる》
【足ぬきまわり→地球まわり→手つきこうもりふりおり】

お星さま　　きらり　　地球は　　クルンクルン　　ロケット3、2、1　　はっしゃ！

❸グループで相談してお話鉄棒をつくる。（2人組、3人組などの工夫もしてみましょう）

なかよしコアラちゃ〜ん　　ブーラ　　ブーラ　　バイバイ　　バイバイ

お話鉄棒のルール
・自分たちでつくったどんな技を使ってもよい。
・地面におりて、また技をつなげてもよい。
・できない技は、補助してもらってよい。

グループ学習
・それぞれの技のポイントを見つけ、観察し合う。
・お話をみんなで声かけし、連続技のできぐあいを見合う。
・グループみんなでお話をつくる。

第2章 ねこちゃん体操と、鉄棒運動

❹「おさるさん おすわり上手」で鉄棒上にすわってみよう。

おさるがあしかけて、はくしゅ　おすわりじょうず　ワイワイ　ガヤガヤ　右　左　　上　下　　ポン

片足ずつ足をかけ拍手をする。両足をかけてすわる。足を前後にふり拍手をする。頭を左右上下にふる。前におりる。

【連続技①】鉄棒運動の基礎技「後方ひざかけ回転」を入れた連続技

※中心になる技「後方ひざかけ回転」を入れた連続技をつくる。

《連続技例》「後方ひざかけ回転→足ぬきまわり→こうもりふりおり」

後方ひざかけ回転（1回）　　　　　足をぬいて　　　　　こうもりふりおり

連続技を上手に演技するには、どこに気をつけたらいいだろう。

上手に演技するポイント
①1つ1つの技を大切に演技する。
②技と技がスムーズにつながるようにする。
③着地をピタリと止める。

《連続技例》「足ぬきまわり→世界一周（360°回転＝p106参照）→一発ねこだち（p109参照）」

①1つ1つの技を大切に　　　②技と技のつなぎをスムーズに　　　③着地をピタリと止める。

※いよいよ本格的な連続技にチャレンジ

【連続技②】「ひざかけ回転」を入れた連続技の例

《できる技をつなげて連続技を創ろう》

①まず、ぶら下がる技、鉄棒下で回る技でお話鉄棒をつくります。(p94、p100－参照)
②ひざかけ回転どうしや、その他の技のつなぎや連続の工夫をして創ります。
③支持回転系の技を中心に、つなぎや連続の工夫をして創ります。
④歌(「大きな古時計」など)に合わせて、「グループ歌声鉄棒」などもおもしろいです。(p147－参照)

【連続技③】「支持回転系の技」を中心にした連続技の例

第2章 ねこちゃん体操と、鉄棒運動

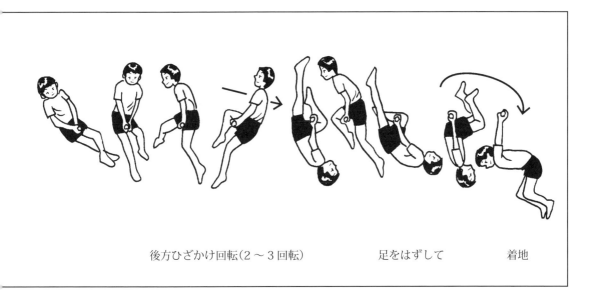

後方ひざかけ回転（2〜3回転）　　　足をはずして　　　着地

《連続技の「つなぎ」をチェックしましょう》

①つなぎにむだがないか。（運動方向にあっているか）
②つなぎがスムーズに行われているか。（タイムラグがないか）
③オリジナリティがあるか。（独創性や工夫があるか）
などの点をグループで意見交換をし、検討します。

ふりあげて　　　　　グライダーおり　　　　　着地

【連続技④】「支持回転系の連続技」高度なあがる・まわる・おりる

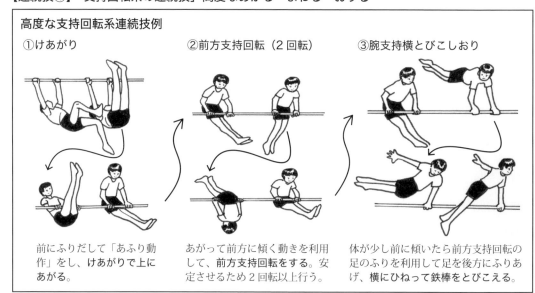

高度な支持回転系連続技例

①けあがり　　②前方支持回転（2回転）　　③腕支持横とびこしおり

前にふりだして「あふり動作」をし、けあがりで上にあがる。

あがって前方に傾く動きを利用して、前方支持回転をする。安定させるため2回転以上行う。

体が少し前に傾いたら前方支持回転の足のふりを利用して足を後方にふりあげ、横にひねって鉄棒をとびこえる。

《ここからはじめよう》「けあがり」や「前方支持回転」ができていることが前提です。

❶「転向前おり」の練習　　　　　　　　❷「ふみこしおり」の練習

❸「後方ふりあげおり」の練習　　　　　❹「腕支持横とびこしおり」を補助で練習する。

❺「前方支持回転」から「腕支持横とびこしおり」の練習

第2章　ねこちゃん体操と、鉄棒運動

19　歌声鉄棒／グループリズム鉄棒　やってみよう！　　全学年

歌に合わせて鉄棒運動の演技をしてみましょう。グループで一斉に演技したり、時間差や技変化を取り入れた「グループリズム鉄棒」は、「グループリズムマット」（p87〜89－参照）よりむずかしいですが、チャレンジしてみましょう。

【歌声鉄棒（低学年例）】「大きな古時計」
※グループで一人ずつ順番に演技する。（グループで構成を考える）
《ひとり目》

お〜　　おおきな　　のっぽの　　ふるどけい　　おじいさんの　　とけい〜

《ふたり目》…さらに続ける…

ひゃく　ねん　いつも　うごい〜　ていた　ごじまんの　とけいさ〜

【歌声鉄棒（高学年例）】「大きな古時計」
※各グループ一斉に演技し、グループ交代しながらフルコーラスまで演技する。

おーおきな　　のっぽの　　古時計　　おじい〜

中の2人が前転・後転　　外の2人が時間差で後転　　4人そろってこうもり　　そろってこうもりふり

さん　　　の〜　　　とけい〜

外2人はこうもりふりおり　　中2人はこうもりまわり　　中2人の演技中に外の2人は、次のメンバーと交代演技開始

第3章

ねこちゃん体操と、とび箱運動

第3章　ねこちゃん体操と、とび箱運動

ねこちゃん体操は、本来「ヘッドスプリング」を小学校卒業までに全員そのダイナミックさ、気持ちよさを味わってもらうために創り出されたのです。ねこちゃん体操が、とび箱運動にどう関わっているか第3章で明らかにします。

(1) とび箱運動の技

とび箱運動の技は、次のように4つに分けることができます。

①とび箱あそび《ふみこしとび》	②とび箱を使った運動《台上前転》	③回転系とび箱運動《ハンドスプリング》	④反転系とび箱運動《開脚水平とび》

①とび箱あそび……とび箱運動を規定する7つの要素（助走・ふみきり・第1次空間形成・着手腕支持・つきはなし・第2次空間形成・着地）の大部分を満たしていないものをいいます。
②とび箱を使った運動……規定7要素の中で「着手腕支持」「つきはなし」などのない運動をいいます。
③回転系とび箱運動……「助走～着地」までの一連の動作で腰を引きあげ、腕支持を軸にして弧を描くように大きく回転する運動をいいます。
④反転系とび箱運動……「助走～着地」までの一連の動作で引きあがった腰を、胸のはりと手のつきはなしによって下方に反転（切り返す）させる運動をいいます。

(2) とび箱運動の技術

とび箱運動の技術は、次のように7つの要素に分けられます。ねこちゃん体操の体幹コントロールはそれぞれの要素に大きくかかわっています。

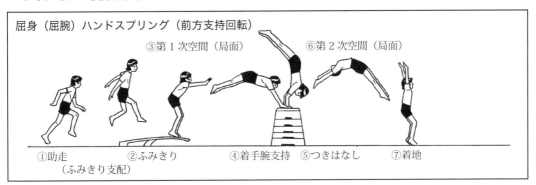

屈身（屈腕）ハンドスプリング（前方支持回転）
③第1次空間（局面）　⑥第2次空間（局面）
①助走（ふみきり支配）　②ふみきり　④着手腕支持　⑤つきはなし　⑦着地

とび箱運動の基礎技術と基礎技

とび箱運動の技術の7要素をまとめる技術を基礎技術とします。そして、その基礎技術をすべて含み、2つの系統（回転系・反転系）のどちらにも発展できる技を基礎技とします。
とび箱運動の基礎技術と基礎技を以下のように考えています。

> 基礎技術＝踏切支配を含む体幹コントロールを伴う手足の協応による支持回転動作
> 基礎技＝回転・反転動作を含む「横とびこし」

とび箱運動の指導順序

1. たのしいとび箱運動

　テレビの人気番組の中で、鍛えあげられたトップアスリートたちが挑む「モンスターボックス」。信じられないような高さのとび箱をとびこえた選手の喜びに拍手したのは、私だけではないでしょう。

　でも、待てよ。すべての子どもたちにあれを要求したら…ますますとび箱ぎらいを生み出すことにはならないでしょうか。

　もちろん「とびこえた」という感激は大きいものです。読者のみなさんの中にも、小学生の頃、やっととべたとび箱の感激を今でもおぼえておられる方も多いことでしょう。でもそのあとはどうでしたか？小学校のとび箱は8段で終わりです。

　発想を変えてみましょう。とび箱は、自分の前に立ちはだかる「障害物」ではありません。空間を自由に支配する喜びを演出してくれるパートナーなのです。

2.「横とびこし」から始めよう

　とび箱あそびでとび箱となかよしになれたら、「横とびこし」から始めましょう。とび箱運動の技術系統は、回転系と反転系の2系統にわけられますが、「横とびこし」は、そのどちらにも発展させることができるからです。

【回転系横とびこし】　　　　　　　　　【反転系横とびこし】

回転系横とびこしは、すべてのとび箱運動の基礎となる技です。腰が頭より高く引きあげられるように練習しましょう。

反転横とびこしは、上手になっていくと「かかえこみとび」に発展します。とび箱の向こう側に無理なく重心移動ができるので、開脚とびにも役立つ動きです。

3.「開脚とび」より「かかえこみとび」を先に！

　反転横とびこしから下のように発展させると無理なく「かかえこみとび」ができるようになります。その後、「開脚とび」を学習すると腰があがりきれいな開脚とびができるようになります。

①反転横とびこし　　②反転縦とびこし　③反対の手をはなす　④かかえこみとび　　⑤開脚とび

第3章 ねこちゃん体操と、とび箱運動

とび箱運動の指導順序	特に関係するねこちゃん体操
1．ふみこしとび	ねこちゃんがおこった「フーッ、ハッ」（中級＝視線固定）
2．横とびこし（回転系）（反転系）	とび箱を使って「フーッ」、「ハッ」（視線固定）
3．反転縦とびこし　➡　かかえこみとび	平均台を「フッ」の要領で／平均台にゴムをはって「フッ」
4．開脚とび（横おきで）（縦おきにチャレンジ）	とび箱の横に台をおいて「ハーッ、フッ」のリズムを
5．台上前転　➡　ネックスプリング	ピーン、ポキッ、お〜しまい、ブリッジをペアで
6．ヘッドスプリング　➡　屈身（屈腕）ハンドスプリング	3点倒立を入れたピーン、ポキッ、お〜しまい、ブリッジへ発展
7．ひねり横とびこし➡側転とび1/4ひねり➡伸身（伸腕）ハンドスプリング	ブ〜リッジ、あ〜しあげ、1・2・さ〜んでビシッ

とび箱の並べ方・使い方

とび箱を横一列に並べていませんか。先生の笛に合わせ、次々ととばせるには都合がいいですね。みんながみんなでできる学習を展開するためには、それなりの工夫が必要です。

1. 1年生でも運べちゃう

学年当初では、まだ無理なので、体育委員会などのお兄さん、お姉さんに設置してもらうとよいでしょう。1年生でも9月以降なら十分自分たちでとび箱を運ぶことができるようになります。

①1年生のとび箱遊びの期間中は4段程度で体育館に出しておく（壁から30cm程度はなす。テープで印をつける）。

②1番上（1段目）を4人で運ぶ。2人は両端を、2人はわきをもつ（組み立てる時、わきの子は先にはなれる）。

③1段目をはずしたら、2〜4段は2人ですばやく運び、1段目より先にセッティングする。

④ロイター板（ふみきり板）を2人で運び、セッティングする。

⑤マットを4人で運び、セッティングする。

2. 2年生なら4段ぐらい、らくらく運べちゃう

手をのばし、体を押しつけるようにして運ぶ。

とび箱から頭がでない段数は危険なので、わけて運ぶ。

3. 技によって、マットのしき方を工夫しよう

台上前転の学習時（安心感を与えます）

ヘッドスプリングの学習時（失敗しても安全です）

【知ってとくしたコーナー】

1. **ロイター板ってなあに？**

   正式には、「ロイター式踏切板」または、普通の踏切版とわけて、「跳躍板」ともいいます。体操競技者でもあった、R.ロイターさんが、自身の足の負担を軽減するために創り出した「バネ式踏切板」でした。1952年に体操競技に取り入れられて以来、「跳馬」の技術に革新的な変化をもたらしました。近頃では、幼児用のロイター板も発売されています。（35,000円前後）

2. **卒業制作にいかが？**

   費用もかからず、じゃまにもなりません。

第3章　ねこちゃん体操と、とび箱運動

4. とび箱の並べ方には、意味がある

《階段とび箱》
・技の習熟によって助走距離を制限することができる。
・教師の立ち位置によって、全部のとび箱を視野に入れることができる。

《富士山とび箱》
・全部のとび箱を視野に入れることができる。
・横方向からもとぶことができる。

《お日様とび箱》
・子どもたちが、ちがうグループの様子をお互いに見合うことができる。
・発表会などで、見栄えのよいパフォーマンスができる。

5. とび箱をいろいろな技術学習のための場に利用する

《台上前転のための利用法》

２連結して前転する。　　後ろのとび箱を少しずつさげる。

《ヘッドスプリングのための利用法》

助走のために後ろのとび箱は、２連結する。

《側転の手足の協応学習に「山とび」》

はじめます　ライオンが　やってきて　ガオー　やま〜をとびこえ　クルリンパッ　ポーズ

《ハンドスプリングやバック転の学習に》

　とび箱は、克服すべき障害物ではなく、自分の表現を助けてくれるパートナーなのです。規定概念にとらわれず、楽しく、安全にとび箱を使った学習ができるよう、工夫することが大切です。

155

1　とび箱あそびやってみよう！　　　　　全学年

とび箱は、目の前に立ちはだかる障害物ではなく空間の表現を実現させてくれるパートナーです。まずはとび箱とお友だちになりながら感覚づくりをしましょう。

《とび箱とお友だちになろう》

とび箱おふろだよ、イエ〜イ！　　何人のれるかな？　　どこまでとべるかな？ソレッ！

《ケンパー／ケングーができるかな？》（両足ふみきりの感覚づくり）

【ステップ1】「ふみこしとび」やってみよう。（ふみきり・空中動作・着地の感覚づくり）

①一歩ひいて手はあひる　　ピョ〜ン　ストン　　②一歩ひいて手はあひる　ト　ト〜ン　ストン

片足と両手を　　両足でふみきり、とび箱を　　両足でふみきり、一度両足でとび箱にのってからとぶ
後ろにひく　　とびこえて着地（3秒静止）

③空中動作を楽しもう（「かかえこみとび」の感覚づくり）

手を何回たたけるかな？　　ひざをかかえられるかな？　　ひざの下で手をたたけるかな？

第3章 ねこちゃん体操と、とび箱運動

【ステップ2】「台上前まわり」やってみよう。（台上前転の感覚づくり）

①とび箱1段を2台つなげてコロリン　　　　　②ロイター板を使ってコロリン

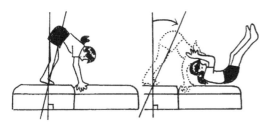

手の位置と足の位置に注意（腰を高く）　　　　足をまげてピョンととんで手よりも肩を前に
ついた手よりも肩を前に出してねこちゃんの「フッ」　　ねこちゃん体操の「フッ」の要領で転がる。

【ステップ3】「とびのり」やってみよう。（かかえこみとび／開脚とびの感覚づくり）

①ひざとびのり　　　　　　　　　　　　　　②足とびのり

軽く助走して両足ふみきり、ひざをついてとびのる。　　軽く助走して両足ふみきり、足でとびのる。

【ステップ4】「山とび」やってみよう。（「横とびこし」の感覚づくり）

①とび箱1段を「山」に見立てて「回転系山とび」　　②「反転系山とび」（切り返し系ともいいます）

手を横向きにつき、両足ふみきりで後ろ向きに着地。　　反転系山とびは、とび箱の先のマットを見て前向きに
（とび箱を見続けるのがポイント＝シールなどをはる）　　着地。

【ステップ5】お話とび箱「ライオンガォー」やってみよう。（「側転」の感覚づくり）

はじめます　ライオンが　やってきて　ガォー　やま〜をとびこえ　　　　　クルリンパッ　　ポーズ

両手をあげる　とび箱をまたぐ　前を向いて前転をする

2 「横とびこし」は、とび箱運動の基礎技だ　　全学年

回転系横とびこし

①とび箱を見ながらふみきる。
②とび箱を見続けながら「フッ」の要領でひざをひきつける。
③とび箱を見続けて後ろ向きに着地する。

ねこちゃん体操の体幹コントロール
「フッ」「ハッ」をとび箱でやってみよう。
＝A：はね、C：しめ、E：頭の入れおこし

腰を肩より高くあげることが
できないポイント

※「フッ」のリズムをとび箱でやってみよう。
　　ねこちゃ〜ん　　　フッ　　　フッ

とび箱を見続けることがポイント。ねこちゃん体操を中学年バージョンに発展させます。

※こんな形では、うまくいきません。
《視点ポイント①》

とび箱を見ないで頭が腕の間に入ってしまっているため、腕がまがりとび箱から落ちる危険がある。

※「ハッ」のリズムでできるかな。
　　ねこちゃ〜ん　　　ハッ　　　ハッ

《視点ポイント②》

とび箱を見ないで前を見ているため腰が肩より高くあがらず、背中が反ってしまっている。

第3章 ねこちゃん体操と、とび箱運動

横とびこしには2系統がある

「横とびこし」には、回転系と反転系の2系統があります。どちらにも発展させることができる横とびこしは、とび箱運動の基礎技ということができます。腰を高くあげる必要性から、回転系横とびこしから指導します。（ねこちゃん体操を発展させます）

反転系横とびこし

①とび箱を見ながらふみきる。
②とび箱を見続けながら「フッ」の要領でひざをひきつける。
③視線を前方に移し、重心を反転し、前向きに着地する。

よくできない子へのワンポイントレッスン

3～4段のとび箱なら、わりと早くできるようになりますが、感覚がつかめない子には、次のような工夫をして、視線の処理と腰の引きあげ感覚を養いましょう。

①回転系横とびこし
平均台を使って横移動の感覚をつかみましょう

②反転系横とびこし
ペアを組んで、手をたたいてあげよう

こっちむいて！

発展技、「足のばし／反転縦とびこし」やってみよう！

「横とびこし」を「ひねり横とびこし」「かかえこみとび」に発展させるための中間技です。

①腰が高くなったら、まがっていた足をのばしてみよう。

②横についていた手を縦についてみよう。

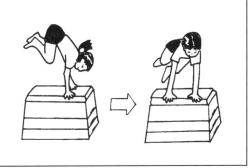

【授業のめあて】「横とびこし」の研究をしよう。
①自分のレベルを知って練習の見通しをもちましよう。
②みんなの「横とびこし」を調べて練習しましょう。

	授業の流れ（中・高学年）
導入 10分	1．準備運動をする。 ❶ねこちゃん体操をする。 2．グループで、「横とびこし」に必要なねこちゃん体操を中級バージョンに発展。 ❷「フッ、ハッ」を練習する。 ※頭を動かさずに行う。  
グループ学習① 10分	3．「横とびこし」のレベル調査をする。 ❸次ページ学習カードを使って「回転系横とびこし」のレベル調査をする。   ❹「反転系横とびこし」の調査をする。  
グループ学習② 15分	4．「横とびこし」の各ポイントを練習する。 ❺レベル調査の調査結果を確認し、「回転系横とびこし」の練習をする。 （グループでそれぞれのポイントができているか確認し、アドバイスしながら練習する） ❻「反転系横とびこし」の練習をする。 ※上手にできない子には、右図の要領で「山とび」にフィードバックして練習させる。 回転系山とび　　反転系山とび  
まとめ 10分	5．まとめをする。 ❼各グループごと、全員一緒に「回転系横とびこし」を演技する。 　※個人にあった高さのとび箱を設定する。 ❽同じように「反転系横とびこし」を演技する。 ❽わかったことを出し合う。（よかったことを発表し、どんなところがよかったか、まとめる） ❾学習カード「♡今日の感想を書きましょう」に今日の成果を書き込む。

第3章　ねこちゃん体操と、とび箱運動

学習カード	「横とびこし」やってみよう！（中・高学年用）
	（　　年　　組　　　　　　　　　　　）

あなたの「回転系横とびこし」はどんなかな？

調べること	◎○△
①とび箱を見る。	
②足をおなかにひきつける。	
③おしりをかたより高く。	
④とび箱を見つづける。	
⑤後ろむきに着地する。	

あなたの「反転系横とびこし」はどんなかな？

調べること	◎○△
①とび箱を見る。	
②足をおなかにひきつける。	
③おしりをかたより高く。	
④とび箱から前を見る。	
⑤前むきに着地する。	

今日の学習の感想を書きましょう。

今日の成果を確かめよう

感想（できたこと・わかったこと・学びあったこと）を書きましょう。

3 「かかえこみとび」で反転系をきわめよう！　　全学年

「かかえこみとび」は、「反転系横とびこし」から簡単に発展させることができます。腰を高くあげてとぶので、開脚とびより先に学習させるとよいでしょう。

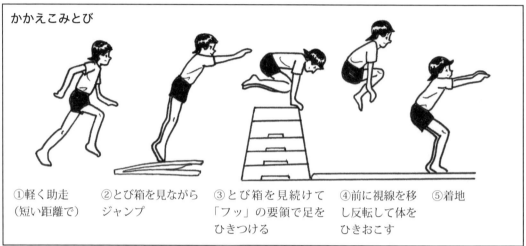

かかえこみとび

①軽く助走（短い距離で）　②とび箱を見ながらジャンプ　③とび箱を見続けて「フッ」の要領で足をひきつける　④前に視線を移し反転して体をひきおこす　⑤着地

　「反転縦とびこし」から発展させよう

「横とびこし」は、横に手をつきますが、それを「縦」につくようにします。子どもたちはこれを「縦とびこし」と名づけました。

【ステップ1】反転縦とびこし　　【ステップ2】反対の手をはなす　　【ステップ3】かかえこみとび

とび箱の前方に4本指がかかるように手をつく。　　　　得意ではない方の手をはなす。　　　　両手同時にはなす。

【補助の仕方】　　　　　　【発展技、「閉脚とび」（とび箱を縦にして）】

ひざ裏を持ち上げ

上腕をつかんで前にひく。　　とび箱横置きでロイター板を徐々にはなしていきながら、縦位置に移行する。

第3章　ねこちゃん体操と、とび箱運動

4 「開脚とび」は、むずかしい！　　全学年

「開脚とび」は、手をついた時の足先がとび箱の上を通過しなければなりません。ただまたいでとびこすのは「開脚またぎこし」といい、反転系ではありません。

開脚とび（水平とびの前段階）

①軽く助走（短い距離で）　②とび箱を見ながらジャンプ　③とび箱を見続けて体をのばし、上からつくように着手してつきはなす。　④前に視線を移し足を前におくりこむようにしてあふり、屈身する。　⑤着地

よくできない子のワンポイントアドバイス
開脚とび（またぎこしの段階）ができない原因は、ついた腕の角度が90°をこえないところにあります。下のような台（低いとび箱でもよい）を利用した感覚づくりが有効です。

①台の前の方から下りてみる。

開脚またぎこし（1～3年生対象）　　開脚水平とび（4～6年生対象）

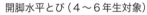

②だんだん後ろにさがって

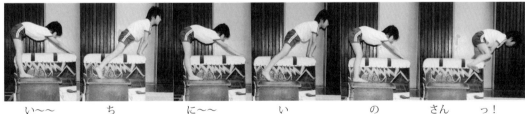

い～～　　ち　　　に～～　　い　　　の　　　さん　っ！

発展技「開脚水平とび」
第1次空間（ふみきって手をつくまで）を大きくとり、着手時に足が肩より高くなるのが理想です。とび箱を上からついて胸を反らし、重心（腰）が上にあがっていこうとするのを切り返し、反転してさげ、着地します。

【授業のめあて】「かかえこみとび」の研究をしよう。
①自分のレベルを知って練習の見通しをもちましょう。
②みんなの「かかえこみとび」を調べて練習しましょう。

	授業の流れ（中・高学年）
導入 10分	1. 準備運動をする。 ❶ねこちゃん体操をする。 2. グループで、「かかえこみとび」に必要なねこちゃん体操を中級バージョンに発展。 ❷とび箱を使って「フッ・ハッ」を練習する。 ※頭を動かさずに行う。  ねこちゃ〜ん「フッ」　ねこちゃ〜ん「ハッ」
グループ学習① 10分	3. 「反転縦とびこし」を練習する。 ❸「反転系横とびこし」の復習をする。 ❹「反転縦とびこし」の復習をする。 【ステップ0】足のひきつけ練習　【ステップ1】反転縦とびこし　【ステップ2】反対の手をはなす    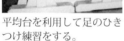 平均台を利用して足のひきつけ練習をする。　とび箱の前方に4本指がかかるように手をつく。　得意ではない方の手をはなす。
グループ学習② 15分	4. 「かかえこみとび」の練習をする。 ❺【ステップ3】次ページの学習カードを参考に「かかえこみとび」の練習をする。 （グループでそれぞれのポイントができているか確認し、アドバイスしながら練習する）  ①軽く助走（短い距離で）　②とび箱を見ながらジャンプ　③とび箱を見続けて「フッ」の要領で足をひきつける　④前に視線を移し反転して体をひきおこす　⑤着地
まとめ 10分	5. まとめをする。 ❻各グループごと、全員一緒に「かかえこみとび」を演技する。 ※個人にあった高さのとび箱を設定する。 ❼わかったことを出し合う。（よかったことを発表し、どんなところがよかったか、まとめる） ❽学習カード「♡今日の感想を書きましょう」に今日の成果を書き込む。

第3章 ねこちゃん体操と、とび箱運動

学習カード 「かかえこみとび」やってみよう！（中・高学年用）
（　年　組　　　　　　　　　　　　）

あなたの「反転縦（はんてんたて）とびこし」はどんなかな？

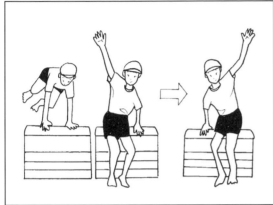

調べること	◎○△
①とび箱を見てジャンプ。	
②手のつくいちはいいかな？	
③足をおなかにひきつける。	
④とくいな方の手をはなす。	
⑤はんたいの手をはなす。	

「かかえこみとび」の技術（ぎじゅつ）ポイント…（　）の中に◎○△を入れましょう。

①軽（かる）く助走（じょそう）　②とび箱を見ながらジャンプ（　）　③手をとび箱の先につき（　）　④とび箱を見ながら足のひきつけ（　）　⑤前を見て頭をおこし体をひきおこす（　）

今日の学習の感想（かんそう）を書きましょう。

今日の成果（せいか）を確かめよう

感想（できたこと・わかったこと・学びあったこと）を書きましょう。

5 「台上前転」でおしりを高くあげよう！　　全学年

「台上前転」は、厳密にいうととび箱運動ではありません。（腕支持ではないため）しかし、「ふみきりからの腰の引きあげ」の練習に最適です。

台上前転

①軽く助走（短い距離で）　②とび箱を見ながらジャンプ　③とび箱の後方に手をつき「フッ」の要領で頭を入れる　④前転（なるべく足をまっすぐにする）　⑤前を見て着地

台上前転が **できないポイント**

よくできない子へのワンポイントアドバイス

手のつき方を下のように「とび箱をはさむように」しましょう。横にぶれるのを防ぐとともに腕を開きやすく、前転しやすくなります。

この手のつき方は、おしりがひけていると横におちますよ。

とび箱をはさむように手をつきましょう。

とび箱2連結して前転するところから始めましょう。

【補助の仕方】

太腿に手をあて、腹に引き寄せるようにして引きあげる。

後頭部に手をあて、頭を中に入れる。

第3章 ねこちゃん体操と、とび箱運動

6 「ネックスプリング」で、はね動作を！ 中・高学年

「ネックスプリング」は、「台上前転足のばし」から発展させますが、「はね動作」は特別に練習する必要があります。ねこちゃん体操で感覚づくりをします。

ネックスプリング（台上首はねとび）

①軽く助走（短い距離で）　②足をのばしてジャンプ　③とび箱の中ほどをつかむ　④頭を入れて「ため」をつくる　⑤一気に「はね」とび箱を手でおす　⑥着地する

ねこちゃん体操の体幹コントロール（中級）
「ピーン、ポキッでお～しまい」の動作から
＝C：しめ、H：ため、F：肩甲骨動作、A：はね

「アンテナさん」の動きからネックスプリングの「はね」動作感覚を養います。「はね」動作の感覚はなかなかとりづらく、ペアになって行います。

アンテナさんが　　ピーン　ポキッ　ピーン　ポキッ　で、お～しまいっ ブリッジ

これはみんなでやってみてね。《ステージの上からネックスタンド》

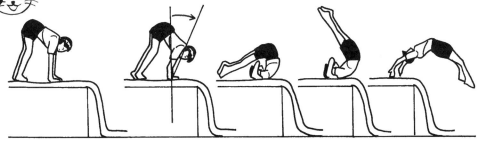

①手と足を近づけて腰を高くする。　②肩を少し前に出す。　③頭を入れ、腕をまげて「アンテナさんのようい」　④「アンテナさんがピーン」の要領で足をあげる。　⑤「ブ～リッジ」の要領で一気にはねる。

7 「ヘッドスプリング」で、とび箱の醍醐味を   高学年

ヘッドスプリング（台上頭はねとび）

① 軽く助走する。

② 両足でジャンプする。腰を引きあげ、頭をおこしたまま高くジャンプする。

③ 「ため」の姿勢をつくる。とび箱を見つめるように手をしっかりついた後、おでこをつけ、体を「7」（セブン）の字の形にして「ため」をつくる。

ねこちゃん体操の体幹コントロール（上級）
「ピーン、ポキッでお〜しまい」の動作から
＝C：しめ、H：ため、F：肩甲骨動作、A：はね

高くはねることが
できないポイント

※「ピーン、ポキッ」の形と動作をペアで。
　アンテナさんが　　ピーン　　ポキッ

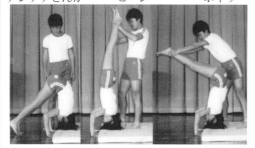

ペアは、膝で背骨を押して形と動作をつくってあげます。

※こんな形では、うまくいきません。
《動作・形態ポイント》

腰を高くあげようとして、かかとを後ろにけったため頭をつけた時に足がまがってしまう。

※「で、お〜〜しまい、ブリッジ」ではね動作
　で　　お〜〜しまい　　ブリッジ

ペアは、片方の手で足をはねあげ、もう一方の手で背中を上にあげてブリッジの手助けをします。

《視点・形態ポイント》

とび箱を見ないで頭を入れてしまっているので「7」（セブン）の字の形の「ため」ができていない。
（これではネックスプリング）

第3章　ねこちゃん体操と、とび箱運動

ヘッドスプリングってダイナミック

ヘッドスプリングはとび箱運動ではありません。腕支持でなく、頭をつく3点支持だからです。マット運動にもヘッドスプリングがありますが、高低差がある分、とび箱でダイナミックさを経験することがその後の学習の飛躍につながります。

④一気にはねる。
ねこちゃん体操の「ブリッジ」の要領で一気にはねる。

⑤着地する。
柔らかく着地する。（前のめりにならないように）

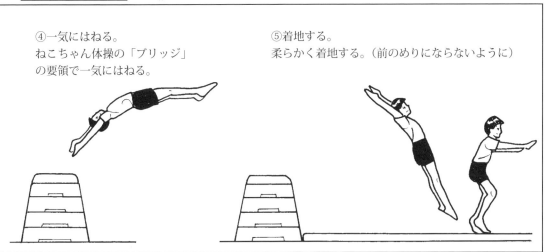

　ワンポイントアドバイス、「スモールステップ」で練習しましょう。

ヘッドスプリング最大のポイントは、「7」（セブン）に似た「ため」の姿勢と、そこからの「はね」（ブリッジ）にかかっています。次のようなスモールステップで練習しましょう。

①補助しあって「7」の形をつくろう。　　②1人で「セブン・ブリッジ」の練習をしよう。

①足をまげてかまえる。　②とび箱を見て足を一気にのばす。　③「セブン」のため姿勢をつくり「ブリッジ」の要領で「はねる」

　発展技、「屈腕(くつわん)ハンドスプリング」やってみよう！

ヘッドスプリングが習熟できたら、視点ポイントに気をつけて屈腕ハンドスプリングに挑戦。

①ピョンピョンブリッジに挑戦　　②屈腕ハンドスプリングに挑戦（ヘッドスプリングで頭をつかない）

※腕を軽く内旋させ、視点を固定させる。

①ヘッドスプリングより高くジャンプ　②とび箱から目をはなさずに体角を開き腕を内旋させて着手　③腰が垂直線より前に出たら一気にはね、手をつきはなす

指導略案

【授業のめあて】「ヘッドスプリング」の研究
①自分のレベルを知って練習の見通しをもちましよう。
②みんなの「ヘッドスプリング」を調べて練習しましょう。

	授業の流れ（高学年）
導入 10分	1. 準備運動をする。 ❶ねこちゃん体操をする。 2. グループで、「ヘッドスプリング」に必要なねこちゃん体操の動きを練習する。 ❷ペアになってねこちゃん体操上級バージョンの「ピーン、ポキッ、で、お〜〜しまい」「ブ〜リッジ」の練習をする。 ピーン、ポキッ、で、お〜〜しまい、ブリッジ
グループ学習① 20分	3. 「ヘッドスプリング」の感覚づくりをする。 ❸グループでお互いに補助しあいながら、「7（セブン）・ブリッジ」の練習をする。  ※上手な子をみんなで補助してみよう。 ❹とび箱の配置を工夫して、「ため姿勢＝7の形、はね動作、着地の仕方」を練習する。 
グループ学習②とまとめ 15分	4. 「ヘッドスプリング」のレベル調査をする。 ❺次ページ学習カードでグループごとに個人のレベル調査をする。（自信のない子には、補助をつける） 《理想的なヘッドスプリング》  ①高くとびあがる。　④足をのばす。　⑦頭が真上を過ぎたら　⑩頭をおこす。 ②足をのばす。　　　⑤おでこをつく。　⑧すばやくはねる。　　⑪背中をのばす。 ③手をつく所を見る。⑥背中を反らす。　⑨手でとび箱をおす。　⑫軽くひざをまげる。 5. まとめをする。 ❻わかったことを出し合う。（よかったことを発表し、どんなところがよかったか、まとめる） ❼学習カード「♡今日の感想を書きましょう」に今日の成果を書き込む。

第3章　ねこちゃん体操と、とび箱運動

学習カード　「ヘッドスプリング」やってみよう！（高学年用）
（　　年　　組　　　　　　　　　　）

理想的ヘッドスプリング（台上頭はねとび）	自分のレベル	練習の見通し
1. ふみきりから着手まで  ①高くとびあがる。 ②足をのばす。 ③手をつくところを見る。		
2.「ため」の姿勢（「7」の字をつくる） 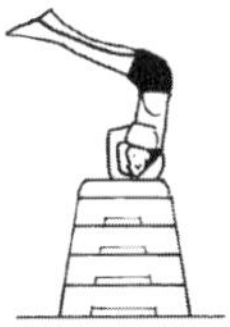 ④足をのばす。 ⑤おでこをつく。 ⑥背中を反らす。		
3.「はね」のタイミング 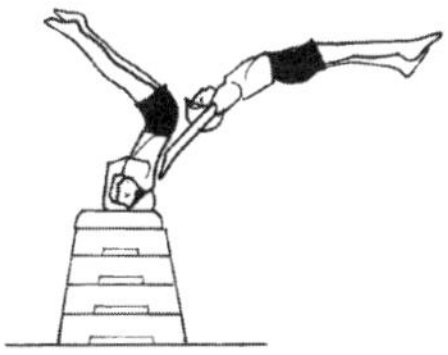 ⑦腰が頭の垂直上を過ぎたら、 ⑧すばやくはねる。 ⑨手でとび箱をおす。		
4. 着地の方法と姿勢  ⑩頭をおこす。 ⑪背中をのばす。 ⑫軽くひざをまげる。 ⑬動かない。		

今日の学習の感想（かんそう）を書きましょう。

今日の成果（せいか）を確かめよう

感想（できたこと・わかったこと・学びあったこと）を書きましょう。

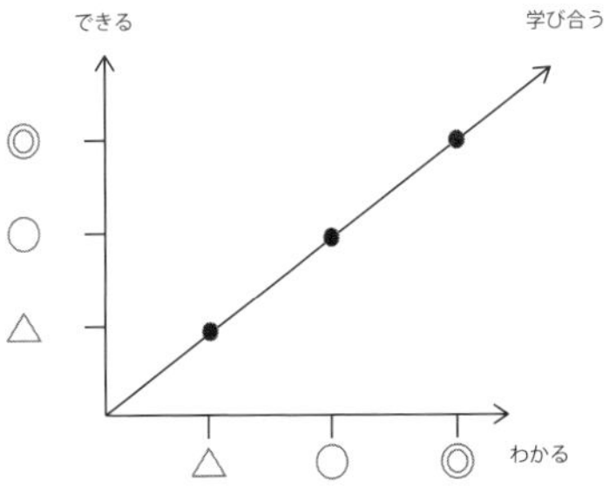

8 「ひねり横とびこし」から「側転とび」へ　高学年

「回転系横とびこし」の腰が高くあがるようになったら、「ひねり横とびこし」さらに、「側転とび」にチャレンジしてみましょう。

ひねり横とびこし

①とび箱を見ながらジャンプ　②「ハッ」の要領で背中を反らせながら　③着手後足をのばすようにして　④最初についた手を外側にひねって　⑤前方を向いて前向きに着地する。

【ステップ1】回転系横とびこし

【ステップ2】ロイター板の使い方

【ステップ3】足をのばしてみよう。

【ステップ4】前向きにひねってみよう。

※ステップ3と4は、正面から見た図です。

【ステップ5】側転とびにチャレンジ

【ステップ6】側転1/4前ひねりとび

9 「ハンドスプリング」ってかっこいい！　　高学年

「ハンドスプリング」は、2種類あります。「屈身（屈腕）ハンド」と「伸身（伸腕）ハンド」です。屈身ハンドはヘッドスプリングから、伸身ハンドは側転とびから発展させます。できるようになるとかっこいい！

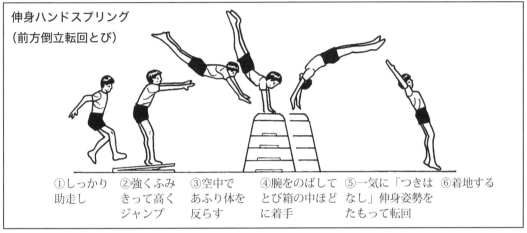

伸身ハンドスプリング（前方倒立転回とび）

①しっかり助走し　②強くふみきって高くジャンプ　③空中であふり体を反らす　④腕をのばしてとび箱の中ほどに着手　⑤一気に「つきはなし」伸身姿勢をたもって転回　⑥着地する

【ステップ1】ヘッドスプリング

【ステップ2】屈身（屈腕）ハンドスプリング

【ステップ3】側転1/4前ひねりとび

【ステップ4】エバーマットで「伸身」の練習をする

【ステップ5】伸身ハンドスプリング

みんなでみんながができるといいね！

あとがき

　1999年10月12日、6年生のマット運動キャプテン（サッカーキャプテン・水泳キャプテンなど1年間で必ず全員何らかのキャプテンになる…）たちの作った「マット運動のための準備運動」がねこちゃん体操の元になりました。当時は、ねこちゃん体操というネーミングではありませんでした。

　2000年4月、体育専科になって1年生から6年生まですべての子どもたちにこの体操をやらせました。高学年ほど早くできるようになったのですが、1年生がなかなかできるようになりません。特に「ねこちゃんのあくび、にゃ～おん（当時はこのような口唱和はありませんでした）」の動きがむずかしいようでした。そんな時、1年生のある男の子が「にゃ～おん」「にゃ～おん」といいながらこの動作をやりはじめたのです。体育館はかわいいねこちゃんの声でいっぱいになりました。すると、みんなこの動作ができるようになったのです。その次の週、その1年生のクラスが体育館に入るやいなや、「先生、またねこちゃんの体操やろう」と大騒ぎになりました。

　それ以来、「ねこちゃん体操」という名前がついたのです。そのおかげで新たに「ねこちゃんがおこった、フーッ、ハッ」という動作も加わり、口唱和もつくようになりました。まさに「みんなで創った体操」なのです。

　近年、「体幹」という言葉がはやり始めました（私は2000年に「体幹の操作」という言葉を使って実践報告をしています）。また、少しずつ「ねこちゃん体操」も知られるようになりました。

　ここ10数年の間に「ねこちゃん体操」について各方面からいろいろとご意見をいただきました。そして、「ねこちゃん体操」をもっとしっかりとまとめてほしいという要望もいただきました。

　そんな中、創文企画より「ねこちゃん体操」に関する本をださないかというお話をいただきました。創文企画からは、2006年に『ねこちゃん体操からはじめる器械運動のトータル学習プラン』を刊行していただきましたが、この本は、どちらかというと「トータル学習プラン」に力点を置いたものでした。「ねこちゃん体操」は、まだ進化の途中ですが、明らかになったこともたくさんあったので喜んでお引き受けすることにしました。

　ねこちゃん体操には、まだまだ明らかにしなければならないことがたくさんあります。この本に提示したことが有効であるのか、まだほかにも手立てがないのか、など、それこそこの本を手にしてくださった「みんなで明らかにしていってほしい」と願います。

　おわりに、このような機会をつくってくださった創文企画の鴨門裕明氏に深く感謝します。

2017年8月　山内基広

【参考文献】
浜田靖一著『図説マット運動』新思潮社
学校体育研究同志会編『新学校体育叢書　器械運動の授業』創文企画
学校体育研究同志会編『たのしい体育シリーズ4　マット運動』ベースボール・マガジン社
学校体育研究同志会編『たのしい体育・スポーツ』学校体育研究同志会機関誌
久保　健・原田奈名子著『びっくり！からだ・あそびシリーズ』草土文化社

■ **執筆者・図解の絵**

山内基広（やまうち　もとひろ）

1951年生まれ。
所沢市立小学校（5校）で教師、愛知学泉大学で講師を務め、愛知淑徳大学非常勤講師（2017年現在）。
ねこちゃん体操・体幹コントロール・器械運動のクロスカリキュラム・集団マット等の発案者。

主な著書に
『たのしい体育シリーズ4　マット運動』ベースボール・マガジン社
『教育技術MOOK　鉄棒の指導』（共著）小学館
『ねこちゃん体操からはじめる器械運動のトータル学習プラン』創文企画
『大好きになる体育の授業』日本標準
などがある。

ねこちゃん体操の体幹コントロールでみんながうまくなる器械運動

2017年9月29日　第1刷発行

著　者　山内基広

発行者　鴨門裕明

発行所　㈲創文企画
　　　　〒101-0061
　　　　東京都千代田区三崎町3-10-16　田島ビル2F
　　　　TEL:03-6261-2855　FAX:03-6261-2856
　　　　http://www.soubun-kikaku.co.jp

装　丁　横山みさと（Two Three）

印　刷　壮光舎印刷㈱

©2017 MOTOHIRO YAMAUCHI
ISBN 978-4-86413-097-4